山名宏和

アイデアを盗む技術

GS 幻冬舎新書 159

はじめに

アイデアは思いつくものではなく見つけるものだ。

僕が放送作家という仕事をはじめたばかりのころ、先輩の作家からそう言われました。

「どうしたらいいアイデアを発想することができるか」

これは誰もが求める永遠の問いです。残念ながら、万人が納得するこの問いに対する答えはありません。ですが、「アイデアは見つけるもの」というのは、僕にとっては一つの答えです。

もちろん、見つけるといっても、使えるアイデアそのものがどこかに潜んでいるわけではありません。見つけるのは、あくまでアイデアの原料、素材です。

アイデアとは一種の化学反応です。脳内で、自分が蓄えてきた知識や経験の断片を、いろいろな順列組み合わせで混ぜ合わせているうちに生まれてくるもの。ならば、一つでも数多く順列組み合わせを試した方が、アイデアが生まれる確率は高まるはずです。そのためには、混ぜ合わせるための素材をより多く持っていた方がいいことはまちがいありません。

では、どうしたら、そんな素材を見つけることができるのでしょうか。

基本は「よく見る」ことだと思います。

「よく見る」といっても、別に凝視するということではありません。常に凝視をしていたら、かなり危うい人間だと思われてしまいます。「よく見る」というのは、「見る」ということを意識する、ということです。

僕たちは日ごろ、自分が思っている以上に漫然としか見ていません。

たとえば、先日、久しぶりに手紙を出す機会がありました。けれど、近所のどこにポストがあるのか、まるで思い出せません。思えば、今の家に引っ越してからは、手紙を出すときは妻に頼んでばかり。自分で出したことはありませんでした。まあ、駅前に行けばポストぐらいあるだろう。そう思って、家を出たのです。

しかし、駅前まで行く必要などありませんでした。途中の商店街にポストはありました。それを見つけたとき、僕は驚きました。僕は毎日のようにそのポストの前を通っていたのです。それにもかかわらずポストの存在がまったく見えていなかったのです。

僕が特に注意力散漫な人間というわけではないと思います。同じような経験は誰にでもあるのではないでしょうか。意識しないとき、目には映っていても、それは見えていないのです。

意識すれば見えてくる。

見えてくるものの量が増えれば、それだけインプットされるアイデアの素材の数も増えてきます。

ですが、四六時中、すべてのものに対して「よく見る」ことなんて不可能。

だからここで大切なのは、「よく見る」ためのスイッチを持っておくことです。そんな視線のスイッチとなるのが「自分の感情」です。自分の感情を動かしたものに意識を向けてみるのです。

自分の感情が動かされたものを、僕はひとまとめにしてこう呼んでいます。

「おもしろい」

僕はこの言葉をよく使います。そのおかげで予期せぬリアクションが返ってくることもあります。

「おもしろければいいのか！」

以前、ビジネスマンを対象としたセミナーで講義をしたとき、受講生の方にそんなふうに叱られてしまったことがありました。今から思えば、その方と僕とでは「おもしろい」という言葉の定義が違ったのでしょう。

普通、「おもしろい」というと、楽しい・おかしい・かわいい・美しい・気持ちいいなど、プラスの感情の動きを指します。でも、僕の定義では、マイナスの感情、すなわち不安・不快・不便・不都合といった感情の動きも、「おもしろい」に含まれるのです。

もちろん、マイナスの感情が起きた瞬間は、おもしろいわけではありません。たとえば、レストランに入って今日のおすすめ料理を頼んだらことごとく売り切れていたなんて事態に遭遇したら、やはり頭にきます。しかし、怒りの感情が去った後、あらためて

「よく見る」と、やはりその事態は僕にとって「おもしろい」ことなのです。

さらにいえば感情の動きは、喜怒哀楽だけではありません。

時として、それは「疑問」という形で現れることもあります。

「どうしてコンビニの袋は弁当用だけ色が違うんだろう」

「どうして自販機のコイン投入口には横向きとたて向きがあるんだろう」

「どうして飛行機は全面禁煙なのに、トイレに灰皿があるんだろう」

疑問というと堅苦しく聞こえますが、この手のちょっと気になることならば、日常の中で頻繁に遭遇するはずです。ためしに、今日一日を振り返ってみてください。なにか、ちょっと気になることありませんでしたか。通勤の途中に、仕事中に、新聞を読んでいるときに、テレビを見ているときに。必ずなにかあるはずです。

この「ちょっと気になる」も、立派な感情の動きです。だから、ちょっと「気にならされた存在」は、僕にとって「おもしろい」ものなのです。

「私にはなかなかおもしろいと思えることがありません」

これも、ビジネスマン向けのセミナーをしていたとき、よく言われたことです。おそらく、そう言った人たちは、「おもしろい」という言葉を狭くとらえすぎているのでしょう。僕のように、自分に喜怒哀楽を引き起こしたものや、ちょっと気になったもの、それも「おもしろい」の範疇《はんちゅう》に入れてしまえば、「おもしろい」と思うことがまったくない人はいないはずです。

「おもしろい」と感じれば、目にしたもの、経験したことは必ず心に残ります。それは大切な素材。だからこそ、いろいろなことを「おもしろい」と受け止め、ストックできた方がいいと思うのです。

現に、僕のまわりにいる発想力豊かな人たちを見ると、みんな、「おもしろい」と感じる量が多いようです。彼らの話を聞くだけでも、それはわかります。でも、別に彼らが、毎日、楽しく愉快な日々を送っているわけではありません。むしろ、感覚が鋭い分、不快に感じることも多いようです。しかし、そんな不快な経験をもおもしろがり、それを素材にしてアイデアを生み出す姿を、何度も目にしています。

僕自身も、悲惨な経験を思い出し、企画を作ったことは何度かあります。けれど、それも悲惨な経験を単に悲惨と思うだけだったら、思い出すのも嫌で、考えるどころじゃないでしょう。これでは素材にはなりません。たしかに悲惨だけど「おもしろい」と思うことができたからこそ、それはアイデアの素材となりえたのです。

「よく見る」と並んで、アイデアの素材を集めるのに大事なのは「視線の数」です。同じものをいろいろなアングルから見る、あるいはいろいろな方向に向けて放射している、そんな視線の数が増えるほど、集まってくる素材の数も増えてきます。

そうひしひしと感じるのは、放送作家という職業柄かもしれません。僕が主戦場とするのは、いわゆるバラエティ番組ですが、ひと口にバラエティ番組といってもその内容はさまざま。グルメものあり、科学ものあり、スポーツものあり、歴史ものあり、社会派ものあり。ある特定のジャンルだけを手がける放送作家はめったにいません。一人であらゆるジャンルの番組に対応してアイデアを見つけるためには、どうしてもたくさんの視線が必要となります。

ですが、視線を拡張するのはなかなか難しい。どうしても自分のパターンに陥りがちです。いくら数を増やしたつもりでも、同じようなベクトルの視線ばかりならばあまり意味がありません。

そこで僕が経験的に実践するようになったのは、「他人のおもしろいを借りる」という方法論です。

別にこれは難しいことでもなんでもありません。実は誰でも経験していることです。たとえば、どんなクリエイターでも最初に作った作品には、自分が好きだった作品の影響が少なからずあるはずです。あるいは仕事のうえでも、自分に仕事を教えてくれた上司や先輩、あるいは自分がリスペクトする仕事仲間の考え方や着眼点の影響を受けることはよくあること。さらにいえば、友人や恋人の影響で、それまで興味がなかったものが、おもしろいと思えるようになったという経験は、誰でも一度はあるのではないでしょうか。

「他人のおもしろいを借りる」というのは、それと同じなのですが、一つ違うところを挙げるとすれば、それを意識的に行う点です。いつの間にか借りていたというのではなく、自分から積極的に借りに行く。そして、借りたからといって別に返すわけではありません。借りっぱなしで、自分のものにしてしまう。そういう意味では、「他人のおもしろいを盗む」といった方が正しいでしょう。

視線を拡張する、つまり発想力を広げる「他人のおもしろいを借りる・盗む」という方法論。

これを活かすためには、視線のスイッチを入れ「よく見る」とはどういうことなのか、感情というアンテナを使うとはどういうことなのか、それをよく知ることが重要だと思います。その土台があってこそ、それまでの自分になかった視線や発想を得ることができるのですから。

とはいうものの、なにも特別に時間を割いて勉強するようなことではありません。放送作家という仕事はスケジュール的にめちゃくちゃで、常に走りながら充電しなければなりません。どれも、日常の中でちょっと考え方を変えるだけでできることばかりです。

それでは、僕の経験に基づき、なるべく具体的に話を進めていくことにしましょう。

アイデアを盗む技術／目次

第四章 テレビの発想を盗む技術 139

編集協力　瀬戸友子

第一章
視線のスイッチを入れる技術

スイッチはふとした瞬間に入る

アイデアの素材を集める第一歩は「よく見る」こと。つまり「見る」を意識化すること。

といっても、四六時中、意識し続けるなんてことはさすがに無理です。

まずは「おもしろい」と感じた瞬間、なぜ自分の感情が動かされたのか、ちょっとだけ立ち止まって考えてみましょう。それを何回か繰り返すと、「おもしろい」ということに対する意識が明確になってきます。すると「おもしろい」ことを探そうという視線も、それまでのまったくのオフの状態から、スタンバイ状態に変わっていきます。パソコンなどもそうですが、完全にオフの状態よりもスタンバイ状態の方が、立ち上がりが速いように、「おもしろい」を探す視線も、スタンバイ状態にしておいた方が、スイッチが入りやすいのです。

スイッチはふとした瞬間に入ります。

たとえば、ある日、近所を歩いていたら、向こうから郵便配達のバイクが2台並んでやってきました。我が家の近くには、郵便局の本局があるため、郵便配達のバイクの姿は見慣れた光景です。ただ、このとき唯一いつもと違っていたのは、2台のバイクが並んで走ってきたことでした。

その些細な違いが、僕の視線のスイッチを入れました。

あらためてよく見ると、赤地に白いマークの入った郵便配達のバイクは、なかなかかわいらしいデザインです。そこに同じ制服、同じヘルメットの配達員が乗り、並んで走ってくる姿は、まるで仲のよい兄弟のようでした。そんな想像にふけっていると、少し遅れて、もう1台バイクがやってきました。

「三男が来た」

遠近感のせいで、やや小さく見える3台目のバイクが、年の離れた兄の後を一生懸命追いかける幼い弟のように見えたのです。でも、それもスタンバイ状態でいるところに、スイッチが入ったからこそ見えてきたものでした。

この一連の出来事は、僕にとって「おもしろい」ことでした。この「おもしろい」が仕事の役に立つかどうかはわかりません。でも、そんなことは今の時点で考える必要はありません。今日、こんな「おもしろい」を見つけた。そう自己満足するだけで十分。それぐらいの気持ちでいる方が、「おもしろい」に対するハードルを、あまり上げずに済むのです。

「最高の卵かけご飯」企画で役に立った経験

視線をスタンバイ状態にしておくというのは、今や僕にとって習性になっています。そんな習性が身についてしまったのは、放送作家という仕事と深く関わりがあります。放送作家というと、自分がおもしろいと思ったことを自由に実現できる仕事。そう誤解されることがよくあります。でも、実際はかなり不自由な仕事です。一つの番組を作るとしても、そこには数々の制約があります。時間帯、ターゲット、予算、もちろん出演者やスポンサーへの配慮もあります。そんな制約の中で仕事をしています。

そして、企画を考えるにしても、自分から率先して提案するというよりも、プロデューサーやディレクターから発注を受けて考えることの方が圧倒的に多い。

「この枠で、こんなテーマの新しい番組ができないか」

「このターゲットに向けた新しいコーナーができないか」

こうした意向を受けて、アイデアを出すのです。どんなに自分がおもしろいと思っても、発注とずれたら意味はありません。あくまで発注者の意向にそってアイデアを出す。いわばアイデアを提供するサービス業のようなものです。

そう考えると、放送作家という仕事は、けっして特別な業界の特別な仕事ではありません。商品やサービスの開発やプロモーション、あるいは企業などのコンサルティングなどの仕事と、根本のところは同じだと思っています。

放送作家が他業種と違うところを挙げるとすれば、求められるアイデアが非常に多岐にわたっているということかもしれません。

テレビというメディアは、新聞のテレビ欄を見てもすぐわかるように、あらゆるジャンルを扱っています。世の中の営みのすべてを、テレビは取り込んでいきます。そんなテレビに対応してか、特定のジャンルしか手がけないという放送作家はほとんどいません。ある一日に、グルメについて考え、法律について考え、恋愛について考え、医学や健康について考え、最後に心霊現象について考える、ということも珍しくはありません。

そのため、よく知らなかった、あるいはまったく関心のなかったジャンルの仕事が舞い込むこともよくあります。でも、放送作家としてやっていくならば、そんなアウェイな場所でも、アイデアを出していかなければなりません。

あるいは、無茶な発注を受けることが多いのも、放送作家という仕事の特徴かもしれません。

普通の仕事ならば、ちゃんとオリエンテーションがあって、ある程度の時間をおいて締め切りがくる、というのが一般的だと思いますが、放送作家の場合、ある日突然呼ばれて、その場でお題を出され、なにかのアイデアを出さないといけない局面が多々あります。しかも、発注者がある程度、その内容を絞り込んでいればまだいいのですが、「旬の芸能人のプライベートをのぞき見できるような企画」という具合に、漠然とした発注をされることも多々あります。

もちろん、最終的には後日までの宿題となるのですが、でも、その場でも、なにか企画のきっかけぐらいは残していかなければなりません。そこで、なんとかアイデアにいたる化学反応が起きないかと、今まで「おもしろい」と感じて蓄えてきた知識や経験を引き出し、順列組み合わせをはじめるのです。

このとき、なにが役に立つかはわかりません。

たとえば、ずいぶん前に食事に行った鶏料理の専門店で、最後に卵かけご飯が出たことがありました。僕は普段、ご飯に卵をかけて食べることはしないのですが、ここで嫌がるのも大人げないと思い、卵をかきまぜ、そこに醤油を入れようとすると、店主の声が飛んできました。

「それだと卵のうまみが死んでしまいます」

普通やるように、溶いた卵に醤油を入れると、醤油の味が立ち卵の味が消えてしまう。だから、卵のおいしさを味わいたいなら、ご飯に醤油をたらし、その上に溶いた卵をかけないとだめ。そう懇々と説明されたのです。正直、そのとき僕は、その食べ方に感心するというより、「卵かけご飯ごときにうるさいこと言いやがって」と苦々しく思っていました。

それから数年後、ある番組で「最高の卵かけご飯を作る」という企画が持ち上がったことがありました。最高級の米を最高級の水で炊き、最高級の卵と最高級の醤油をかけて食べる、という企画です。すべての最高級品を入手する手はずが整い、後は当日、タレントが卵かけご飯を作って食べるだけ、というところまで来たのですが、せっかくならば、食材以外にも、もう一つなにか特別なこだわりが欲しい。会議でそんな話になったとき、ふと思い出したのが、数年前に鶏料理屋に聞いたあの食べ方でした。そこで、それを提案したところ、採用になり、企画をよりよいものにするための手助けができました。

しかし、この卵かけご飯の食べ方だって、「これはなにかの役に立つかもしれない」と思って覚えていたわけではありません。卵かけご飯ごときにあそこまでこだわる店主の姿を「おもしろい」と感じて、覚えていただけです。でも、もしあのとき、店主の態度を「おもしろい」と感じていなかったら、卵かけご飯の食べ方などとっくに忘れてしまい、会議で発言することもできなかったでしょう。

なにが役に立つか、それはまったくわかりません。今はガラクタにしか見えない断片も、もしかすると、いつか有効な素材になるかもしれません。冒頭に出した郵便配達のバイクの話だって、なにかに役に立つ、そんな日がこないとも限らない。そう思って、日々、自分だけの「おもしろい」を、頭の中のデータベースにしまい込んでいるのです。

個性的なインプットなくして個性的なアウトプットはない

「おもしろい」はまず自己満足で十分。そう考えることによって、「おもしろい」のハードルが下がると書きましたが、そう思うのにはもう一つ理由があります。

「個性」というと、表現や発言など、その人から出てくるもの、つまりアウトプットにばかり目が行きがちです。でも、僕は、その人がどう感じるか、どう受け止めるかのインプットもまた「個性」だと思います。いや、むしろ個性的なインプットなくして、個性的なアウトプットはないと言ってもいいでしょう。

敬愛する作家の筒井康隆氏が書いた「創作作法以前」というエッセイの中に、僕の座右の銘ともいえるこんな一文があります。

「誰もが面白いと感じる現実の中に、ほとんどの人が気づいていない自分だけの面白さを感じたのであれば、これはもう何も依頼されなくても書くであろう」

そして、この後、こうして自分だけのおもしろさを見つけた時点で「これはやはり一種のアイデアといえるのである」と続きます。

これは、小説家だけに当てはまることではありません。アイデアを必要とするすべての人に当てはまる考え方でしょう。

人が興味を覚えたり、関心を示したりするのは、自分の中にないものや、自分と違うものに触れたとき。だから、同じものを見て、同じ感じ方をされても、そこには興味をもちません。逆に「ほとんどの人が気づいていない自分だけの面白さ」を見出されたら、それだけで興味をもつはずです。

この時点では、自分からはまだなにもアウトプットしていません。けれど、他の人と違う感じ方をした、違う点をインプットしたというだけで、みんなの興味は向けられるのです。優れたアイデアが、「人を惹きつける考え」であれば、この時点で、すでにアイデアの一部を手に入れたことになるでしょう。

自分だけの「おもしろい」がある程度たまってくると、そこにはなんらかの傾向が表れてきます。実はそれこそが、その人の感覚や個性と言われるもの。感覚や個性というのは、それが先にあるのではなく、自分の「おもしろい」の集積から形作られるものだと思います。

アウトプットすることばかり考えるのではなく、まず自分だけの「おもしろい」を一つでも多くインプットする。それが個性を形作り、その人ならではの発想の源となるのです。

「おもしろい」はどこにでもある

こう説明していくと、なんとも堅苦しい感じがしてしまいますが、基本的に「おもしろい」を探すのは難しいことではありません。みんなにも「おもしろい」と思ってもらえるものとなると、プレッシャーもかかりますが、自分だけが「おもしろい」と思えるのでよければ、むしろそれは楽しいことだと思います。

「おもしろい」はいろいろなところに転がっています。

たとえば、先日、あるデパートに買い物に行ったときのことです。老舗《しにせ》といえば聞こえはいいのですが、建物も設備もかなり年季の入った店でした。エレベーターは複数あるのに、どれも同じように上昇して、同じように止まってしまうため、なかなか乗ることができません。最近のビルであれば、エレベーターもコンピュータ制御されているため、効率よく運行し、こんな不便は起きません。まあ、古い建物だから仕方ないと思いながら待っていると、エレベーター脇の壁の張り紙に気づきました。

「当店のエレベーターはコンピュータ制御しております」

一瞬、我が目を疑いました。

堂々とそう掲げられている以上、効率悪く動くそのエレベーターは本当にコンピュータ制御されているのでしょう。ならば、どうしてあんなに動きが悪いのでしょうか。それも気になりましたが、それ以上に気になることがありました。

どうしてわざわざお知らせするのか。

エレベーターがコンピュータ制御されている新しいビルは多々ありますが、わざわざ「コンピュータ制御しております」とお知らせしているビルは一度も見たことがありません。おそらく、そのデパートでは、最近になってようやくコンピュータ制御が導入されたのでしょう。そのとき、誰かが「お知らせしましょう」と提案したのでしょう。しかし、わざわざお知らせしても、肝心のエレベーターの動きが悪ければ、むしろ逆効果です。なのに、お知らせしてしまっている。

この張り紙を見つけたとき、とても「おもしろい」と思いました。しかし、この話を聞いて、「どこがおもしろいんだ？」と首をかしげる人もいるでしょう。でも、僕が「おもしろい」と思ったものを他人がどう評価するかは気になりません。むしろ気になるのは、他の点です。

あの張り紙に何人の人が引っかかっただろうか。

気になるのは、この点です。あのとき、僕と一緒にエレベーターを待っていた人たちの中で、あの張り紙に引っかかった人はいただろうか。今までに、あのエレベーターを利用した何千何万という人の中で、あの張り紙を「おもしろい」と感じた人は何人いるのか。それとも、まったくいないのか。

もし、誰もいなかったのであれば、あの張り紙の発見は僕にとって貴重なものとなります。現実の中から自分だけの「おもしろさ」を見つけることができたからです。

自分だけが感じた「おもしろさ」は他人の心に響くとは限りません。実はこのエレベーターの話、何度か話したことがあるのですが、おもしろいと言ってくれる人もあれば、無反応な人までリアクションはさまざまでした。でも、それが「個性」なんだと思います。「あの人は独特な見方をする」「あの人は独特な考え方をする」、そう評価をされるとき、100人中100人が支持する、100点満点なんてことは絶対にないのですから。

旅行では自分だけの「みやげ話」を持って帰る

他の人は感じていない、自分だけの「おもしろい」を探す。

常にそういう気持ちはもっていますが、だからといって、日ごろから、それを意識しているわけではありません。ただし、唯一、あえて強く意識するときがあります。観光に行ったときです。

ここ数年、時間を見つけては、有名な観光地に行くようにしています。「旅行」ではなく「観光」。自ら、そう言っています。あくまで、「見る」ことを目的とした旅です。そもそもは旅番組などの仕事で、誌面や映像ではよく知っているにもかかわらず、実際に訪れたことのない地の多さに愕然《がくぜん》としたことがはじまりでした。会議の席で、「そんな手垢《てあか》のついた場所、今さら取り上げても」と言いながら、自分は一度も行ったことがない。もしかすると、このまま一生行かないかもしれない。それはどうなんだろう。そう疑問に思い、「観光」をはじめたのです。

観光に行ったとき、僕は一つだけ心がけていることがあります。

それは、自分だけのみやげ話を持って帰ってくること。

同じ観光地に行った人の話を聞いても出てくることのない、なんだったら、同じ場所に行った人が聞いても新鮮に感じてくれる、そんな僕だからこそ語れる「みやげ話」。観光に行ったら、必ずそれを持って帰ってこよう。いつもそう考えています。

だからといって、旅先で、特別な行動をするわけではありません。基本的には、王道の観光スポットをまわります。有名観光地を実体験する、という目的で行くのですから、それでないと意味がありません。誰もがよく行く観光スポット。その中から、自分だけの「おもしろい」を探すのです。

たとえば、数年前には京都に行きました。最初に行ったのは清水寺です。清水の舞台からの眺めを楽しんだ後の帰り道、僕の目にあるものが飛び込んできました。

清水の舞台を支える柱でした。

その瞬間、僕の視線のスイッチが入りました。

あらためてよく見ると、この柱はすごい。まず巨大。それなのに、なんとも安定の悪い傾斜に立っています。しかし、一番驚くべきは、そんな柱が何百何千という観光客が、しかも何十年にもわたって毎日乗る、あの舞台を支えているということです。

けれど、柱の存在に目を向ける人はまったくいません。立ち止まって柱を見上げる僕のまわりを、観光客は次々と通り過ぎていきます。ここに、とても「おもしろい」ものがあるというのに。

ガイドブックを見ても、清水寺の舞台のことは書いてあっても、それを支える柱のことまでは書いてありません。後で調べたら、あの舞台を支える柱はあと四百年ほどで寿命がくるため改築用のけやきの木がもう今から育てられている、という話も見つかりました。そんなエピソードもあわせて、清水寺の柱の話をすると、何度も京都を訪れたことのある人でも、興味をもって聞いてくれます。そう、まさに僕だけの「みやげ話」です。

中心からずれた場所に目を向ける

もう一つ、例を挙げましょう。

先日、山口県の秋吉台にある秋芳洞に行きました。日本でも指折りの鍾乳洞《しょうにゅうどう》です。一歩中に入れば、自然が織り成すその不思議な造形に目を奪われました。見ると、鍾乳石がつくる造形物には、その形に応じて「百枚皿」「黄金柱」などの名前がつけられていました。

その中の一つに、「くらげの滝のぼり」というものがありました。壁からきのこのようなふくらんだ突起がいくつも飛び出し、そこから細い鍾乳石が何本も垂れ下がる姿は、確かにくらげの群れのようでした。くらげの滝のぼり。なかなかいいネーミングです。

しかし、あらためてその名前を見たとき、気になるものを見つけてしまいました。

「The jellyfish clambing up the waterfall」

外国人観光客用の英語表記です。親切といえば親切ですが、「くらげの滝のぼり」という名前は「鯉の滝のぼり」をもじったもの。「鯉の滝のぼり」を知っているから、いいネーミングだと思えるわけで、それを知らない英語圏の観光客は、これを見てどう思うのでしょう。

「くらげはいいが、滝のぼりとつける必要があるのか」

そんなふうに思うのではないか。そんな外国人観光客の困惑を想像すると、秋芳洞で見つけたこの英語表記も、僕にとってとても「おもしろい」ものでした。しかし、これにしたって、年間何万人も訪れる観光客の中で、同じように「おもしろい」と感じた人は、まずいないでしょう。

長々と二つも例を挙げたのは、自分だけの「おもしろい」を見つけるための、ちょっとした方法を紹介したかったからです。

中心からちょっとずれた場所に目を向ける。

これが、自分だけの「おもしろい」を見つける方法の一つです。

明らかに注目すべきものが目の前にあったとき、どうしてもそればかりに目をとらわれがちです。清水寺なら舞台からの眺め、秋芳洞だったら鍾乳石の造形、それが見るべき中心です。

でも、そのとき、注目すべきものからちょっと目を離し、その周囲を見てみるとどうでしょう。そこには、誰も目を向けていないエリアが広がっています。いわばそこは、目の前に広がる死角。だからこそ、誰も気づいていない「おもしろい」が潜んでいる可能性が高い。例に挙げた清水寺の柱も、秋芳洞の英語表記も、注目すべきもののすぐそばにありました。ですが、見るべき中心にばかりとらわれていたら、それを見つけることはできなかったでしょう。

中心からちょっとずれた場所に目を向ける。

この考え方は、「おもしろい」ものを見つけるとき以外にも使うことができます。

たとえば、会議。企画を練っているうちに煮詰まってしまった状態は、みんなが同じものに注目している状態とよく似ています。全員が同じ中心にばかり目を向けているから、煮詰まってしまう。そんなとき、中心からちょっとずれた場所に目を向けると、解決策が見つかることがよくあります。これは会議室での出来事ですが、このときの僕の視線は、観光地で自分だけのみやげ話を探す視線と、よく似ています。

そう、自分だけの「おもしろい」を探す癖をつけておくと、こんなふうに別の局面でも役立つ、そんなおまけもついてくるのです。

不愉快な出来事は引きの視点で見る

中心からちょっとずれた場所に目を向ける。

それはいわば、視点をずらすということです。「おもしろい」を見つけるための視点のずらし方は他にもあります。

ズームアウト。

引きの視点で見ることで、本来はおもしろくないことが、おもしろくなってくることがよくあります。

打ち合わせをかねて、ある和食屋に入ったときのことです。食材にこだわり、丁寧な仕事をした料理が、少しずつ出てくる、そんな店です。出てくる料理はどれもおいしく、とても満足いくものでした。ただ、一つだけ気になることがありました。

それは、料理の説明でした。

料理が運ばれてくるたびに、食材について、調理法について、細かく説明してくれるのです。もちろん、その説明もサービスの一つ。僕たちも、最初のうちはうなずきながら聞いていました。しかし、食事が進み、話が盛り上がってきたところでこれをやられると、本来サービスであるはずのものが、次第にわずらわしくなってきます。だからといって、「説明は結構です」とも言いづらく、説明されてもそっけなく応じて、空気で察してもらおうとしたのですが、どうもわかってもらえなかったようで、最後まで、料理が出てくるたびに会話を中断させられるという事態が繰り返されたのです。

これは、かなり不快な出来事です。このままでは「おもしろい」ことではありません。では、ここで視点をズームアウト。今の事態を、引いた視点で見直してみましょう。

見えてくるのは、店員によって何度も会話を遮られる二人の客。

この状況、「おもしろい」と思いませんか。まるでコメディのワンシーンに出てきそうなシチュエーションです。

あるいは、同じく飲食店で遭遇したこんな出来事はどうでしょう。

メニューを見ると、そこには「今日のおすすめ」と書かれた料理が並んでいました。

せっかくだからと、その中から一品頼むと、

「すいません。そちら、今日はもう終わりました」

だったら消しておけと内心思いながら、他の「おすすめ」を頼みました。

「すいません。それも終わりました」

「じゃあ、これは？」

「すいません。それも終わりました」

「これは？」

「終わりました」

「……じゃあ、どれならあるんですか」

結局、10品ぐらい掲げられていた「今日のおすすめ」の大半が品切れだったのです。

これだって、当事者としては、かなり不愉快。けっして「おもしろい」などと言える事態ではありません。

しかし、それをズームアウトで見直してみるとどうでしょう。

見えてくるのは、注文する品がことごとくなくて困惑する客。

これも、まるでコメディのワンシーンのようだと思いませんか。実際、これによく似たスケッチ（＝コント）が、イギリスが生んだコメディ番組の金字塔『モンティ・パイソンズ・フライング・サーカス』の中にあります。チーズ・ショップに来た客が、数十種類のチーズの名を挙げたにもかかわらず、ことごとく売り切れているというスケッチで、こう要約してしまうとそのおもしろさは伝わりづらいのですが、「モンティ・パイソン」の代表作の一つです。

「人生はクローズアップで見ると悲劇だが、ロングショットで見ると喜劇である」これはチャップリンの残した言葉ですが、同じように不快な出来事も、引いた視点で見直すと、ある種の「おもしろみ」を帯びてきます。

では、なぜそこまでして、不快な出来事をおもしろがる必要があるのでしょうか。

それは、不快な出来事が、実はアイデアに近い素材であると思うからです。

たとえば、僕の仕事であれば、不快な出来事をそのまま描くことで、「笑い」を作り出すことができます。あるいは、サービス業の方なら、不快な出来事を反面教師にして、サービスの向上を考えることができるのではないでしょうか。

しかし、不快な出来事は、そのままの状態では、なかなか冷静に見つめることはできません。しかも、不思議なことに、怒りの熱が冷めると同時に、きれいさっぱり忘れてしまうことが多いのです。これはもったいない。

引いた視点で見ることで、不快な出来事を「おもしろい」に変換する。

「おもしろい」と感じれば、なかなか忘れることはありません。頭の中のデータベースにちゃんと保存されます。後から引き出して、じっくり考えることだってできます。

こうして書くと、あたり前のことを言っているように思われるかもしれませんが、意外とそのあたり前をやっていない人は多いようです。なにか頭にくることがあったら、その怒りのほとぼりが冷め切らないうちに、ぜひ一度、その状況をズームアウトしてみてください。さっきは見えなかったものが、必ず見えてくるはずです。

耳で「おもしろい」をとらえる

ここまで、「おもしろい」を見つける方法として「見る」という言葉を連発してきました。しかし、現実の中から「おもしろい」をとらえるのは目だけではありません。耳でもいろいろな「おもしろい」を見つけ出すことができます。

普段、あまり意識しないかもしれませんが、僕たちのまわりには無数の会話が飛び交っています。カフェで、レストランで、電車の中で、路上で。実はみんな、自分が思っている以上に、まわりに聞こえるような大きな声で会話をしています。それなのに、そのほとんどは僕たちの耳には届いてきません。

どうしてでしょうか。

それは、聞こうとしていないからです。聞こうとしない限り、どんなに大きな声の会話も単なる騒音。言葉として届いてこないのです。逆に聞こうと意識した瞬間、騒音の一つ一つに輪郭が生まれ、それは言葉となって耳に入ります。

聞くことを意識化する。

これが耳で「おもしろい」を探す第一歩です。

この癖がつくと、いたるところで「おもしろい」会話や言葉が見つかります。

「私は正しいし、相手も正しい。でも、絶対にわかり合えないの」

まるでドラマのセリフのようですが、これは居酒屋で聞こえてきた言葉です。にぎやかな場所だったので、この言葉の前後の会話はわかりません。仕事の話なのか、恋愛の話なのか。でも、そんな細かいことは抜きにして、なんとも深い言葉です。

自分は正しいし、相手も正しい。だけど、絶対にわかり合えない。

ある意味、人間関係の真実を言い表しています。

この言葉を聞いたとき、「おもしろい」と感じると同時に、「僕にはこのセリフは書けない」と思いました。職業柄、セリフという言い方になりましたが、いってみればこれは、自分にはない感覚との出合いです。会話には、当然、話している人の感覚が出ます。そして、僕たちのまわりでは性別の違いや年齢の違いなど、明らかに自分と違う種類の人々が会話しています。だから、聞き耳で見つかる「おもしろい」はこの手のものがとても多いのです。

自分にない感覚との出合いと並んで、僕がよく「おもしろい」と感じるのは、想像力を刺激する会話です。

それは電車の中で聞こえてきた会話でした。目の前の座席には、不機嫌そうな顔をした中年夫婦とその娘と思《おぼ》しき20代の女性が座っていました。まず聞こえてきたのは、母親の言葉でした。

「私、今日は飲みたい」

暗い声でそうもらすのが聞こえたのです。

するとそれを聞いた父親は、

「そんなこと言うな。仕方ないだろ、もう過ぎたことなんだから」

いったい、この夫婦になにがあったのでしょうか。

その後も、母親は何度も「なんで私たちが」と不平をもらし、そのたびに父親がそれをなだめていました。そんなやりとりがしばらく続いた後、今度はそれまで黙っていた娘がおもむろに口を開きました。

「こんなんだったら、カンニングすればよかった」

この親子になにがあったのでしょうか。

多分、試験に関するなにか、ということまでは容易に想像がつきます。難しいのはその先です。母親の言葉から察するに、なにか不当な扱いを受けたらしい。娘の言葉からもそれはわかります。いったい、なんの試験だったのか。その試験をめぐってなにがあったのか。

彼らの会話は僕の想像力を強く刺激しました。まっとうな事情から、突拍子もない事情まで、さまざまな事情が頭の中に浮かんでは消えていきます。それはなんとも楽しい時間でした。

例に挙げた親子の会話は、多くの人の想像力を刺激すると思います。でも、中には同じ会話を電車の中で耳にしたとしても、まったく想像力が動き出さない人もいるはずです。その違いはなんでしょう。

知りたいと思うか、思わないか。

これです。彼らの会話を聞いて、なにがあったんだろうと疑問に思う。普通はなかなかこの先へ思考は進みません。疑問に思えば答えを知りたくなるはずですが、まさか本人たちに聞くわけにもいかないだろうと、そこで考えるのをストップしてしまいがちです。だけど、想像力旺盛な人はそこでストップしない。知りたいと思い続けるのです。

もちろん、いくら思っても答えがわかるわけではありません。そこで、知りたいという自分の欲求を満足させるため、新たな答えを作り出す＝想像するのです。

いろいろな場所で聞き耳を立てて、想像力を刺激する会話を見つけ出す。見つけ出すだけでなく、実際に想像してみる。想像するために、まず答えを知りたいと強く思ってみる。そう周囲に飛び交う会話に対する意識を少し変えるだけで、耳から得る「おもしろい」の数は飛躍的に増えるはずです。

視線をスタンバイ状態にしておくためのメモ術

「おもしろい」を見つけようとする姿勢をスタンバイ状態にしておく。それが仕事をするうえで役に立つと気づいたとき、これを習性にするために僕がはじめたことがあります。

それは自分のホームページを作り、日記形式のメモをつけることでした。

公開型のネタ帳ともいえるこのメモは、2000年の8月からスタートしました。最初に記したのは、こんな「おもしろい」でした。

2000年8月22日。

溜池山王から赤坂へと続く裏道で見かけた割烹《かっぽう》の看板にはこう書かれていた。

『野鳥　地鶏　山菜　貝　ＤＨＡ』

野鳥、地鶏、山菜と来て次に「貝」とくるのも何だが、やはり注目は最後の「ＤＨＡ」だろう。

あまりに唐突すぎるじゃないか。

どんなウリなんだ、この割烹は。

やるならば「ポリフェノール、タウリン、プロポリス、亜鉛、ＤＨＡ」とかいう看板にしたらどうだと思った。

それじゃあ、ただの薬局だ。


こんなメモを、もう9年以上にわたってつけています。

このメモをはじめるにあたって、二つの心構えをしました。
①最低1年は毎日つける。
②読者はあくまで「未来の自分」である。

①の毎日つけるというのは、常に「おもしろい」を見つける姿勢を習慣化するためです。実際、はじめてみてわかったのは、日々の忙しさにかまけていると、記録しておきたい「おもしろい」は、なかなかないということでした。だから、はじめた当初は、メモをつけるために懸命になってその材料を探す、ということをしていました。結果的にこれが、日常の中から「おもしろい」を見つけ出す僕の視力を高めたようです。最低1年と決めたメモは、気がつけば9年もの間、ほぼ毎日途切れることなく続いています。

そして②は、どうしてこのメモをつけ続けるのかを見失わないためでした。けっして人気ブログを目指すためのものではありません。あくまで自分のための備忘録。ネタの保管場所です。だから、読んだ人からどんなリアクションが返ってこようと関係ない。その代わり、未来の自分が読んで恥ずかしくなるようなことは書かない、と決めたのです。

こうしてつけ続けているメモは、メモというにはかなり長いものもあります。書くのに、かなり手間がかかっているものもあります。でも、その手間もまた、僕には必要なものでした。

たとえば、ある日のこんなメモがあります。


２００8年8月18日。

久しぶりに世田谷線に乗ったという知人が、ポツリとつぶやいた。

「昔の車両の方がよかったのに」

かつて世田谷線はいかにも路面電車といった感じのグリーンの車両だった。詳しくはわからないが、10年ほど前までは、そんな車両が走っていたのではないか。

それから何世代か経て、今の世田谷線の車両はカラフルでフォルムも今っぽい。だが、まあ単なる懐古趣味かもしれないが、世田谷線のあの素朴な線路には、今のポップな車両よりも、かつてのグリーンの車両の方がよく似合う気がする。

もちろん、車両が新しくなり、性能や乗り心地がよくなるのはいいことだ。今どき、クーラーのない電車なんて考えられない。

ならば、昔ながらのフォルムを残しつつ、性能だけ最新にすることはできないのだろうか。まるで『銀河鉄道９９９』のようだが、外観は旧式に見えるけど、性能や乗り心地は最新……ということも十分可能なのではないか。どこかの鉄道に登場しないだろうか、そんな車両が。観光路線などにはよいと思うのだが。

実際にあったのは知人の「昔の車両の方がよかったのに」というつぶやきだけ。それをこのように作文していくと、おのずとどうしてこの言葉が耳に残ったのか＝「おもしろい」と感じたのか自己分析していくことになります。

分析をすると、自分にとっての「おもしろい」はなにか、ということが明らかになっていきます。短いメモでなく、文章形式のメモを書く意味はこの点にあります。

そして、自分にとっての「おもしろい」が明らかになると、それは一種のアンテナになります。同じ傾向の「おもしろい」を検出するアンテナです。

たとえば、割烹の看板に見出した「おもしろい」は「ＤＨＡ」という売り文句でした。たぶん、看板を作ったころ、健康番組かなにかで流行っていたのでしょう。それを安易に引用してしまったのでしょう。一度、こういうところに「おもしろい」が潜んでいることがわかると、次から看板や店先の張り紙など売り文句が書かれていそうなところに自然と目が行くようになります。僕はこの手の売り文句を「上滑りなアピール」と呼んでいるのですが、それを見つけるたびに、笑いのネタにし、あるいは反面教師にしています。

自分にとっての「おもしろい」を検出するアンテナ。これは「目の探検」を行ううえでの必需品です。このアンテナの数が多いほど、探検は充実したものになるはずです。

今やネットには、僕のメモと同じような日記の類《たぐい》がたくさんあります。『トリビアの泉』の監修で知られる著述家の唐沢俊一さんの日記は、僕が知るこの手の日記の中ではもっとも充実したものですが、その冒頭に掲げられた言葉はぜひ心に留めておきたい名言です。

「裏モノ採集は一見平凡で怠惰なる日常の積み重ねの成果である」

この「裏モノ」という部分を「アイデア」あるいは「発想」という言葉に置き換えてみてください。考えることから何かを生み出したいと思うなら、絶対に忘れてはいけない言葉だと思います。

第二章 感情の動きを取り出す技術

感情はアイデアを検出するアンテナ

僕にとっての「おもしろい」とは自分の感情を動かした存在や現象です。

感情が動くときには、大抵、なんらかの理由があります。自発的に動くのではなく、何物かによって動かされるわけです。だから、自分の感情の動きをよく見て、それをたどっていけば、その先に必ず「おもしろい」なにかがあるはずです。感情の動きは日常の中からアイデアの素材を検出するためのアンテナなのです。

感情の動きというアンテナの中で、もっとも手軽に使えるのが「喜怒哀楽」です。

特に「怒」と「哀」、つまり不快・不便・不都合・不安・恐怖といったマイナスの感情の方が、その感情を引き起こした対象を見つけることは容易です。「なんとなくうれしい」ということはありますが、「なんとなく不快」「なんとなく不便」ということはほとんどありません。マイナスの感情の動きには、必ず原因があるのです。

しかし、マイナスの感情を引き起こした原因は、基本的には楽しくない出来事です。それを「おもしろい」に変えるには、ここでも「よく見る」という基本を心がけておくことが大切です。

先日、家電量販店に掃除機を買いに行きました。ズラリと並んだ掃除機は、性能にはさほど違いがあるとは思えず、選ぶ基準はデザイン。そして、もう一つ手がかりになるのが、売れ具合の順位を記したポップでした。値段もあまり変わらないのであれば、当然、「売れ筋No.1」の商品が欲しくなります。そこでその旨を店員に告げると、

「在庫を確認してきますので、少々お待ちください」

待たされること5分。ようやく店員が戻ってきました。

「すいません、今、在庫を切らしていまして」

この時点で、かなり不快な気分になっていました。あまりに不快な気分だったので、その日は掃除機を買うのをやめてしまったほどです。

帰り道、気分も鎮まってから、どうしてあんなに不快な気分になったのか、振りかえってみました。すると、そこにはいくつかの要因がありました。

「売れ筋No.1と書いてあれば、その商品を欲しがる人は多くなることは予想できるにもかかわらず、いちいちバックヤードまで行かないと在庫確認ができない」

「在庫確認で5分は待たせすぎ」

「しかもそれだけ待たせておいて、在庫がない」

自分の感情の動きをよく見たところ、この三つの出来事の積み重ねが、不快な気分を引き起こしたことがわかりました。

この思考プロセス、なにかに似ていると思いませんか。

そう、推理小説です。推理小説を読みながら犯人や手口を推理していくように、不快にした犯人や手口を探っていく。そんな気分で、自己分析してみるのはどうでしょう。マイナスの感情を引き起こした犯人を探す。ここまですれば、今回の経験は確実にストックされます。でも、この経験を使ってもう少し発想力を鍛えたいと欲張るなら、さらにこう考えてはどうでしょう。

「どうしたら不快な感情を引き起こした出来事を防げたか」

自分なりの改善策を考える、というわけです。

「売れ筋№1」とアピールしておきながら在庫確認に時間がかかる。理想は店員それぞれが持った端末で在庫状況が確認できるということですが、そこまでしなくとも、商品の脇に在庫状況を記したメモを備え付けておけば、わざわざバックヤードまで行く手間が省けます。在庫が切れているというのも、理想は、おすすめする以上は在庫を切らさないことですが、それはかなり難しい。ならば、在庫が切れた時点でポップに在庫切れと入荷まで何日、という旨をすぐさま表示すればいい。

もちろん、店には店の事情があるでしょうし、たとえばこの改善策だって、いざやってみるといろいろな弊害が出てくるかもしれません。でも、考えるのは自由。アイデアを求められる際、なんらかの問題を解決するための手立て、ということはよくあります。そんなときのためにも、マイナスの感情を引き起こした要因を探り、さらにその改善策を考える癖をつけておくことは、とても役に立つと思います。

不便・不都合を解消する手法をストックする

「不快」と同じぐらい日常の中でよくわき上がるマイナスの感情といえば、「不便」あるいは「不都合」ではないでしょうか。

僕はこの「不便」「不都合」こそ、アイデアとして成就する可能性が高いと思っています。「不便」も「不都合」も、その原因を解決すれば、みんなに喜ばれる商品やサービスを生み出すことができるのですから。

実際、僕たちのまわりには「不便」や「不都合」から生まれたと思われるものがいろいろあります。

たとえば、僕は強度の近視のため、メガネの新しいフレームを買おうとするたび、いつも不便な思いをしてきました。試着用のレンズには度が入っていないため、鏡に映った自分の顔がよく見えないのです。おかげで、長い間、今までと違った感じのフレームを買うときは、必ず誰かについてきてもらうようにしていました。まったく不便な話です。

しかし、近ごろは鏡に内蔵したカメラで試着時の顔を撮影し、それを後からいつも使っているメガネをかけて見ることができる、そんなサービスが増えています。これならば、あの不便を感じることもありません。さらに最近は進歩して、携帯のカメラで撮影した自分の顔に、ダウンロードしたメガネを画面上で試着できる、そんなサービスもあるそうです。

いずれも技術の進歩によって可能となったサービスですが、その発想のスタートは「メガネが必要な近視の人ほど、試着した自分を見ることができない」という「不便」から生まれたものでしょう。

他にも「不便」や「不都合」から生まれたものはたくさんあります。これは、こんな不便から生まれたのではないか。不都合から発想されたのではないか。そう推理することも「おもしろい」ことです。どうやって不便が解決されているか。その手法を頭の中にストックしておくと、いざ自分が解決する側になった際、参考になります。

ですが、いくら解決されても「不便」や「不都合」が尽きることはありません。日常の些細なことの中にも、不便は潜んでいます。

たとえば、僕は粒ガムをよく食べるのですが、粒ガムを口にするたびに、不満に思うことがあります。

「1粒では物足りない」

必ず2粒3粒と口の中に入れてしまいます。まわりに聞くと、同じように感じている人は、結構多いようです。でも、この時点では、まだ「不便」とは感じていません。

「なんでこんなに小さくしたんだろう」とは思いますが、「不便」とまではいきません。「不便」を感じるのはその先です。

「捨てるときに、紙に包みきれない」

ボトルタイプの粒ガムの場合、中に包んで捨てるための小さな紙が入っています。たしかに1粒だと、その紙で十分ですが、2粒3粒だと量が多すぎて、ちゃんと包むことができません。これはかなり「不便」です。

もちろん、粒ガムは本来1粒ずつ食べるものであり、2粒3粒まとめて食べる方が悪い、という考え方もあるでしょう。しかし、現実には、2粒3粒まとめて食べる人は大勢おり、僕と同じ「不便」を感じている人もたくさんいるはずです。たとえば、紙の形状を変えるとか、紙を繋《つな》げられるようにするとか、あるいは最初からガムも紙も大きめのサイズの別商品を作るとか。「不便」にちゃんと向き合ったら、いろいろな解決策が考えられそうです。もし、そんな粒ガムが登場したら、今まで「不便」に感じていた分、僕は必ずそのガムのファンになるに違いありません。

「不便」や「不都合」は、毎日なにかしら感じているはずです。でも、不便だとは思っても自分ではどうすることもできない。普通はそう考えて、すぐに忘れてしまいがちです。でも、「不便」も「おもしろい」と考えることができたら、それは心に留まります。そして、僕たちのまわりには、実は驚くほど、解決されるのを待っている「不便」があることに気づくはずです。

わけもわからぬまま小部屋に閉じ込められた不安

「不快」や「不便」と比べると、「不安」というのは些細なことで起きるマイナスの感情です。「不安」だけが、マイナスの感情の中で、唯一なんとなく感じるものかもしれません。だからこそ、「不安」は時として、やっかいな事態を引き起こします。

あるとき、小学生の娘を連れて、近所の内科へインフルエンザの予防接種を受けに行きました。それまでにも何度か診《み》てもらったことがあり、医師の対応も含めて、かなり好感をもっている病院でした。

病院に到着し、予防接種を受けにきた旨を告げると、看護師に「こちらへ」と案内されました。連れて行かれたのは、初めて上がる2階。「こちらでお待ちください」と通されたのは、殺風景な小部屋でした。階下の待合室ならば明るくて居心地もよく、時間をつぶすための雑誌や本もたくさんあります。でも、その小部屋にはなにもありません。どうしてこんな場所に閉じ込められたのか。なんとなく「不安」になりました。

同時に僕は、その事態を「おもしろい」とも思っていました。

「わけもわからぬまま小部屋に閉じ込められた親子」

ズームアウトの視点で見れば、それはまるでカフカの小説のような状況です。もちろん、カフカの小説とは違い、小部屋に入れられたのには理由がありました。その理由がわかったのは、注射を終えたときでした。

「お子さんの場合、本当は注射後も15分ぐらい経過を観た方がいいんですが、この時期は風邪をひいている患者さんが多いので、うつらないように今日はこのままお帰りください」

医師の言葉を聞いたとき、あの小部屋に通されたのは、他の患者からの感染を防ぐためだった、ということに気づきました。病気にならないために病院に来たのに、そこで病気をうつされたらたまったものではありません。小部屋に通したのは、僕たちを他の患者から守るため。つまり病院のサービスだったのです。

そのことを知ったとき、なんとも「惜しい」という気分になりました。最初にそう言ってくれれば、「なんて細かい気配りをしてくれるのだろう」と感謝し、すぐさまその病院に対する好感度がアップしたでしょう。でも、その説明がなかったために、なんとも「不安」な時間を過ごさねばなりませんでした。特に子どもの場合、病院に来ること自体が嫌なことなのですから、余計に「不安」を感じたに違いありません。

そして、この体験を通して、あらためて「アナウンスの重要性」を実感しました。

今回のケースも、病院にとってはあたり前の対応だったのでしょう。だから、説明するまでもないと思ったのかもしれません。でも、サービスとしてやったことも、相手にその意図が伝わっていなければ、かえって不安を招き、信頼を損なうこともあります。

自分たちがあたり前だと思っていることが、相手にとって常にあたり前とは限らない。だからこそ、適切なアナウンスは大切。病院で遭遇した小さな「不安」から、身をもってそれを実感しました。

通過電車の音で聞こえなかった部分が気になる

時として、マイナスの感情を引き起こす出来事は、有益な実感をもたらしてくれます。アナウンスの重要性だって、それを知らなかったわけではありません。サービス業ではありませんが、テレビ番組を作るうえでも、「いかにちゃんと伝えるか」という点でアナウンスはとても大切です。しかし、頭でわかっているのと、実感するのでは理解の度合いが違います。なんというか、実感した方が、より身に染み込む感じがするのです。

僕は普段、小田急線を利用しているのですが、路線が長いせいか、よく遅れます。その日も、ホームに表示された時刻になっても、来るべき電車はやってきませんでした。急いでいたわけでもないので、またいつものことだと思って待っていると、電車の遅れに関するアナウンスが流れてきました。たまたまスピーカーの近くにいたので、なんとなしに聞いていると、アナウンスが遅れの詳細に差しかかったそのときです。

向かいの線路を急行電車が通過していきました。

通過電車の音にかき消され、その間、アナウンスはまったく聞こえません。そして、電車が走り去ると同時に、アナウンスも終わってしまったのです。おかげで肝心なところがまったく聞こえませんでした。

このとき、僕がまず感じたのは「不快」でした。階下でアナウンスをしている駅員は、この事態をわかっているのでしょうか。アナウンスした、ということで満足してしまい、それがちゃんと伝わっているかどうかまでは考えが及んでいないのではないでしょうか。相手に届かないアナウンスならば、しないも同然。そんなふうに勝手に憶測し、ホームで一人、腹を立てていたのです。

しかし、同時に自分の中にいつもと違う感情がわいていることに気づきました。アナウンスの内容がやけに気になったのです。

小田急線の遅れは日常茶飯事。電車の遅れを告げるアナウンスが流れても、いつもはさして気に留めることはありません。だけど、このときだけは、通過電車の音にかき消され聞こえなかった部分が、気になって仕方なかったのです。

どうしてだろうと考えるうちに、理由がわかりました。

途中で遮られたからです。

最初からアナウンスを聞いていなかったら、いくらかき消されても気になることはありません。ですが、導入部分を聞いていて、まさにここからが肝心なポイントというところで遮られたから、聞こえなかった部分がかえって気になったのです。

途中で遮られたからこそ、その遮られた部分に対する興味が強くなる。

実はこの効果、テレビの中でもよく使っています。

たとえば、みのもんたさんがよくやる、要所要所のキーワードを隠しておいて、めくって見せるあの手法。導入部分はすらすらと読んで、隠している部分に差しかかったら、あえてためてからめくる。この方が、最初から全文が見えているよりも、要点に対する興味が明らかに高まります。

クイズもまたこの効果を応用したものといえます。特に最近のクイズ番組は、なんらかの情報を伝えるために、クイズという手段を用いているケースが多い。

たとえば、「カバの汗が赤いのは汗に日焼け止めの効果があるため」という情報があったとします。もちろん、そのまま言ったとしても、興味深い事実ですが、これをクイズにするとこうなります。

「カバの汗が赤いのはどうしてでしょうか？」

日焼け止めの効果があるという、情報の要点を遮ったわけです。どうですか、こう言われた方が、一気にすべてを言われるよりも、情報の内容に惹かれる気がしませんか。

ここに挙げたテレビ番組の例も、普段からここまで意識して使っているわけではありません。あのとき、ホームでわき上がった感情。「不快」な感情を引き起こした出来事から起きたもう一つの感情。それをよく見ていくうちに、実は自分も普段から同じ効果を利用していることに気づいたのです。

そして、あらためてその効果を実感することにより、もっと他の使い方もあるのではないか。そう新しいアイデアを考えるきっかけとなりました。

量販店で交渉術の基本を実感する

知識として知っていたことを実感するというのは、それ自体「おもしろい」ことです。ビジネス書などに載っている理屈の類は、現実の場で実際によく使われています。それを実感するとしないでは、同じ理屈を知っていても、理解の度合いが違います。

これもある家電量販店に行ったときのエピソードです。この日は空気清浄機を買いに行きました。値札を見ると、表示価格に赤く斜線が引かれ、「販売員にご相談ください」の文字。交渉すればさらに安くしてくれるということです。そこで近くにいた店員に交渉すると、あっさり数千円値段が下がりました。こうなると、もう少し下げたいという欲がわくもの。そこで再度交渉しました。

しかし、「これ以上は下げられない」の一点張り。端数の数百円をまけてくれと頼んでも、まったくだめ。交渉の余地なしでした。

このとき僕が感じたのは「不快」というより「残念」という感情でした。

おそらく最初に提示してくれた金額が、それ以上値段を下げられない底値だったのでしょう。でも、客はそんなことは知りません。そんなに気前よくまけてくれるなら、もう1回押せばさらに安くなるだろうと思うのが人情です。

ですが、もう底値なので、いくら頼まれても店側としては、それ以上、値段を下げるのは無理。結果的に、大幅に値引きしたにもかかわらず、客にはどこかすっきりしない気分をもたれてしまうのです。

では、どうされたら、あのときの僕は、満足して帰ることができたのでしょうか。

答えはもうおわかりでしょう。一気に底値まで下げなければよかったのです。2回目の交渉があってから、初めて底値にする。段階的に値段を下げていく。

値引き交渉の快感は、交渉によって値段が下がっていくその瞬間にあります。だから、最終的な値段は同じであっても、1回でそこまで行くのと、2回でそこまで行くのでは、客の満足度は違います。

これは交渉術の基本です。その手の本を読めば、基本の基本として出てくるような理屈。僕も知識としては知っていました。でも、こうして実感――今回の場合は体験できなかったという裏返しの実感ですが――することで、より理解が深まったのです。

ちなみに、後日教えてもらったのですが、別の家電量販店では、「値引きをする際は段階的に下げるように」とマニュアル化されているそうです。そうしておけば客の満足度が高まるのはもちろんのこと、1回の値引きで満足してもらえれば、底値まで行かずに済むからだそうです。なるほど。

店員の気遣いで知る「フリ・ウケ・フォロー」の重要性

不快・不便・不安といったマイナスの感情も考え方次第では「おもしろい」と思える。マイナスの感情から目をそむけるのではなく、「よく見る」ことで新たに見えてくるものがあるということが、わかっていただけたでしょうか。

別に僕だってマイナスの感情の動きを好んでいるわけではありません。できることなら不快な思いはしたくないし、不安な目にもあいたくない。でも、日常生活の中では、マイナスの感情が動くような事態に遭遇することは避けられません。そんなとき、ただ一方的に疲弊するのは悔しい。せめてそこから少しでもなにかを得たい。マイナスの感情の動きも「おもしろい」と思うようにしているのは、そんな貧乏性のせいかもしれません。

もちろん、うれしい・楽しいといったプラスの感情の動きから得るものもたくさんあります。これは誰もが実感することでしょう。実際はこちらの方が得るものは多いかもしれません。しかし、そんなプラスに動いた感情を「よく見る」ことで、さらに「おもしろい」ことが見つかるはずです。

先日、打ち合わせをかねて仕事相手と渋谷の居酒屋に入ったときのことです。チェーン店ではありませんが安価な店で、早い時間ということもあり、店内はかなり込み合っていたため、入口付近でしばらく待つことになりました。

10分ほど待ったでしょうか。店員がやってきました。

「今、お席が空いたんですが、団体の隣になってしまうんですが、いかがでしょうか」

このひと言を聞いたとき、その店に対する好感度は一気に上がりました。大きくプラスの方向へと感情が動いた瞬間です。

好感度が上がった理由は簡単です。店員のささやかな気遣いです。この手の店では、席が空いたらそこに機械的に客を案内するのが普通です。その方が店としては効率よく客を回転させることができる。でも、それはあくまで店側の論理にすぎません。

しかし、今回の店員は客の立場になって考えてくれた。今空いたあの席に通したら、僕たちがどんな状況に置かれるか。そこに想像力が及ばなければ、あの言葉は出てこないはずです。

もう一つ、最近感激した出来事を紹介しましょう。

これも飲食店、今度はある焼き鳥屋での出来事です。仕事仲間に連れられて、おいしいと評判の焼き鳥屋に行きました。

確かに出される料理はどれもおいしく満足していると、突然、一緒に行った女性スタッフが「あっ」と大きな声を出しました。

彼女は白い服を着ていたのですが、見ると、その服に焼き鳥のタレがはねていました。フロアの店員がすぐに気づいて、新しいおしぼりを持ってきてくれたのですが、脂のまじったタレの染みはしつこく、なかなか落ちそうにありません。服の染み相手に奮闘していると、

「よろしければこれをお使いください」

カウンターの中で焼き鳥を焼いていた店の主人が、スプレー式のボトルに入った液体を差し出しました。

「ホテルのクリーニング店の知り合いから特別にわけてもらった、どんな染みでも必ず落ちるという洗剤です」

詳しいホテル名までは教えてくれませんでしたが、以前、そんな話を聞いたことがあ

りました。ホテル内で出される料理でできた染みは必ず落としてくれる、そんなクリーニング店があるという話を。そこからわけてもらったのでしょうか。確かにその洗剤を使うと、もう落ちないだろうと諦めていた染みが、落ちたのです。

このときも端《はた》で見ていて、僕は感激しました。洗剤の効き目に感激をしたわけではありません。それを用意していた店主の気遣いに感激したのです。

焼き鳥を食べれば、タレを飛ばしてしまう人がいるだろう。それで服に染みを作ってしまう人がいるだろう。自分の不注意とはいえ、お気に入りの服に染みを作ってしまっては、せっかくのおいしい焼き鳥の味も半減。残念な気持ちで店を去ることになります。店主はそこまで考えをめぐらせていたに違いありません。そうでなければ、わざわざ特別な洗剤を用意しておくことはないでしょう。

このうれしい二つの出来事は、情報でもサービスでもなにかを提供する際に、「フリ・ウケ・フォロー」がいかに大切かをあらためて考えさせてくれました。

証明写真ボックスの「フォロー」の弱さ

「フリ・ウケ・フォロー」

耳慣れない言葉だと思います。これは萩本欽一さんが考えたといわれる「フリ・オチ・フォロー」という笑いの基本構造を表す言葉を、拡大解釈し、勝手にアレンジさせてもらった言葉です。

拡大解釈するきっかけとなったのは『踊る大捜査線』などのヒット作で知られる脚本家の君塚良一さんの講義録でした。

「ドラマというのは三つのセリフから作られる」

セリフの書き方の注意点として、君塚さんはそう語っていました。ご存知の方もいるかと思いますが、もともと君塚さんは萩本欽一さんのところにいました。そこで笑い作りを通して「フリ・オチ・フォロー」を学び、それをドラマを書くうえでも使っているそうです。

君塚さん曰《いわ》く「セリフというのは二つでは成立しない」。

たとえば「今日の天気は？」「晴れよ」のこの二つではダメ。大事なのは、「晴れよ」と言った後のリアクション。二つめのセリフを聞いた後のセリフや表情が、実は一番大事なんだそうです。これはコメディでもラブストーリーでも同じ。この三つめのセリフに考えがおよぶかどうかがプロとアマチュアの違いである。そう君塚さんは語っています。

これを読んだとき、笑いやドラマだけではなく、すべてのコミュニケーションは、一、二、三という三つの構造からなっているのではないか、そう考えるようになりました。そこで「フリ・オチ・フォロー」をアレンジして、「フリ・ウケ・フォロー」という言葉を考えたのです。

ここでいう「フリ」とは情報やサービスの提供。「ウケ」とは、情報やサービスを受けた人のリアクション。「フォロー」はそのリアクションへの対応です。

先ほどの居酒屋の例にこれを当てはめてみましょう。「フリ」は「客を空いた席に案内する」、「ウケ」は「案内された席に着く」です。でも、これだけでは次の「フォロー」は考えにくい。

それならば、さらに一歩想像を進めましょう。席に案内された客はどんな事態になるのか。「ウケ」の範囲をここまで広げて考えます。そうすれば「隣の団体客がにぎやかで会話がしづらい」という事態はすぐに思いつきます。このとき、客が不快に思うリアクション、ここまでを「ウケ」ととらえたら、あの店員のように「隣に団体客がいることを事前にアナウンスし、客にその席でいいかどうかの選択権を委ねる」というフォローを思いつくはずです。

次の焼き鳥屋のケースにしてもそうです。「ウケ」に対する想像力を広げたから、タレを飛ばして服に染みを作ってしまうというトラブルに考えが至った。だからこそ、タレの染みを落とす特別な洗剤を準備しておくという「フォロー」ができたわけです。

こうして整理すると、とてもあたり前のことを言っているように思われるかもしれません。ですが、せっかくいい「フリ」をしているのに、「フォロー」がないばっかりに残念なことになっている例をしばしば見かけます。

この前、久しぶりに証明写真を撮りました。駅前でよく見かける専用のボックスに入ると、目の前の壁に注意書きがありました。

「ひざの上に脱いだ上着など置かないでください。フラッシュの効果に影響が出ることがあります」

なるほど。ひざの上の服にフラッシュが反射してしまうのでしょう。知りませんでした。なんとも気の利いた注意書きです。そこでひざの上にあったコートを手に取りました。しかし、そこで手が止まってしまったのです。

このコート、どこに置けばいいのでしょうか。

撮影用のボックスは人ひとり入ればいっぱい。どこにも脱いだコートを置けるようなスペースはありません。結局、ひざの上にコートを置いたまま写真を撮ることになってしまったのです。

これがまさに、「フリ」だけで「フォロー」のないフリ逃げです。

「ひざの上に上着を置くとフラッシュの効果に影響が出る。だから置かないでください」というのは、とてもいいアナウンスです。ひざの上の上着がフラッシュに影響を与えることなど、みんな知りませんから。残念なのは、考えがそこでストップしていることです。

そんなふうにアナウンスされたら、ひざの上に上着があれば、当然、別の場所に置こうとするでしょう。しかし、置きたくても置く場所がない。だから、「もしかするとフラッシュに影響を与えるかもしれない」という不安を抱えたまま、ひざの上に上着を置いて撮影しなければなりません。せっかくの気遣いなのに、それがかえって不安を生み出す結果となってしまいました。

このとき、もう一歩考えを進めて、客の「ウケ」まで考えていたら、なにか手が打てたはずです。たとえば、壁に上着をかけるためのフックをつける。その程度のことでも、十分「フォロー」となります。そこまでやって初めて証明写真用ボックスの「フリ・ウケ・フォロー」が完成するわけです。

あらためて考えてみると、「フォロー」の有無が、相手にプラスの感情をわかせるか、マイナスの感情をわかせるかのポイントとなっています。フォロー、これは有形無形問わず、なにかを提供する企画を立てる際には、絶対に忘れてはいけないキーワードのようです。

「そういうものだから」と簡単に納得しない

日常の中から「おもしろい」ことを見つけるアンテナとして「喜怒哀楽」と並んで使いやすいのが「疑問」です。

なぜだろう、どうしてだろう。そう考えるとき、確実に感情は動いています。「疑問」それ自体が、すでに「おもしろい」ものなのです。

疑問とは、世界をより豊かに見る手段だと思います。

たとえば、ここに1本の鉛筆があります。見慣れた普通の鉛筆です。だけど、あらためてよく見ると、いろいろな疑問がわいてくるはずです。

どうして六角形なのだろう。どうして芯の硬さは「H」と「B」という二つの基準で表されるんだろう。どうして「H」と「B」の間に唐突に「F」が出てくるのだろう。鉛筆を削るときに芯はどれだけ一緒に削られてしまうのだろう。

そんなふうに疑問をもって見るのと、まったく疑問をもたずに見るのとでは、同じ鉛筆でも、その見え方は明らかに違います。

見え方の違い、それはそこから得る情報量の違いです。1本の鉛筆にも、実はさまざまな情報が詰まっています。疑問には、そんな情報を引き出す力があるのです。

最近、「疑問力」という言葉をよく見かけます。疑問こそ、新たな発想の源であるという考え方です。たしかに疑問によって、他の人が知りえることのなかった、その物事の新たな情報、新たな一面を見出すことができたら、それはアイデアの手がかりになるに違いありません。

では、どうしたら疑問力を高めることができるのでしょうか。

疑問というと、「疑問をもつ」「疑問を抱く」「疑問がわく」という言い方が普通です。しかし僕は、疑問とは「見つける」ものだと思っています。あるいは、「作る」ものであると。自然に疑問がわくこともありますが、疑問力を高めたいなら、積極的に疑問を作るということをしてみるのはどうでしょう。

疑問を作るのは、難しいことではありません。

一日の終わりに、今日あった出来事の中から、気になったことを書き出してみてください。どんな些細なことでも構いません。記憶の中に引っかかっていることを挙げてみてください。

「トイレの水洗用センサーがなかなか反応しなかった」
「囲いで覆われていたビルがいつの間にか解体されていた」
「夕食に食べたししとうが辛かった」

これは僕がある一日に気になったことのごく一部です。この程度のことで十分です。
そして、今度はこれをすべて疑問形にしてみるのです。

「手のひらの質によってセンサーの反応の仕方は変わるのだろうか」
「囲いの中でビルはどうやって壊しているのだろうか」
「他のししとうは辛くないのに、どうして一つだけ辛いものがあるのだろうか」

これで疑問の出来上がりです。

調べればすぐ答えが出そうな疑問があります。かなりくだらない疑問もあります。でも、今ここで重要なのは質よりも量。疑問力をつけるためには、筋肉を鍛えるのと同じで、まずはたくさんの疑問を作ることが大切です。

こうしてある程度スムーズに疑問を作ることができるようになったら、今度は疑問の質を高めていきましょう。

「疑問」には優等生的な疑問とそうではない疑問があります。

優等生的な疑問に必要なのは、「発見感」と「共感」です。そのどちらかが欠けていてもいけません。

見分け方は簡単です。自分が作った疑問の中から、これぞというものを他人にぶつけてみてください。

「ああ、言われてみれば、そうだよね」

そんなような反応が返ってきたら、それは優等生的な疑問です。「ああ、言われてみれば」が発見感の証拠であり、「そうだよね」が共感。こうした優等生的な疑問には、みんなを巻き込んでいく力があります。答えに向かって挑む気持ちを伸ばしていく力があります。

「共感」が足りない疑問は、この力が劣ります。しかし、だからといって、そんな優等生的ではない疑問を捨てる必要はありません。逆にそれは、もっとも個性的な疑問ともいえます。実際、大発見のもとになった疑問は、どれも周囲の人々に共感を得ていたとは思えません。共感を得ないような疑問も、いつか大化けする日がくるかもしれないと信じて、頭の片隅に残しておくことをおすすめします。

疑問を作るときは違いに目をつける

テレビ番組や雑誌の連載など、僕が携わる仕事では、「疑問」自体が企画となることがよくあります。そのため、頻繁に疑問を作る必要があります。

しかし、いつでも順調に疑問が作れるわけではありません。なかなかできないこともあります。そんなときのために、「いざとなったらこうして疑問を見つける」という、僕なりのコツがあります。

その一つが「差異から疑問を作る」です。

同じジャンルのものであるAとB。その二つを比べて、その違いを見つけ、そこに疑問を見出すのです。

たとえば、僕はよくミネラルウォーターの「ボルヴィック」を飲むのですが、「ボルヴィック」にレモンフレーバーがあることをご存知でしょうか。黄色いキャップのこの「ボルヴィック」にはレモンの香りとほのかな甘みがついており、喉が渇いているときは、通常のものよりもガブガブ飲むことができます。

普通の「ボルヴィック」とレモンフレーバーの「ボルヴィック」、この二つを比べると味や香り以外にも違いがあります。

飲み口の口径が違うのです。レモンフレーバーのボトルの方が、飲み口が大きい。

ここに疑問が生まれます。

「どうしてレモンフレーバーのボトルの方が、飲み口が大きいのか」

ちなみに、これは調べたので答えがわかっています。味がついていて飲みやすいので、飲み口を大きくしより早く消費させるため、と僕は推測していたのですが違いました。特長であるレモンの香りが、より香り立つよう飲み口を大きくしているんだそうです。

「差異」に目を向けることを意識すると、疑問は次々と生まれてきます。

僕が気になってならない存在に、六本木ヒルズの屋外エスカレーターがあります。エスカレーターといえばたいていは屋内にあるものなので、あんな雨ざらしの場所にあってよく故障しないものだと思ったのが、このエスカレーターの存在が僕の頭に書き込まれたきっかけでした。

こうして意識するようになると、屋外エスカレーターというのは、意外といろいろな場所に設置されていることに気づきました。仕事でよく行く、汐留《しおどめ》の日本テレビの横にも、かなり長い屋外エスカレーターがあります。

あるとき、六本木ヒルズと汐留、二つの屋外エスカレーターを比べて、ある違いに気づきました。六本木ヒルズのエスカレーターは少し雨が強くなるとすぐに停止するのに対し、汐留のエスカレーターが止まってしまったことは、僕が知る限りありません。

普通に考えれば、距離の長い方が止まりそうなものです。なのに、実際よく止まるのは3分の1の長さもない短い方のエスカレーター。どうしてなのでしょうか。設置場所による風の強さの違いでしょうか。汐留のエスカレーターは、人の動きを感知して自動運転するタイプなので、機能の違いが関係しているのかもしれません。

あるいは危機管理に対する意識の違いかもしれません。六本木ヒルズは2004年に、回転ドアで子どもが亡くなるという痛ましい事故がありました。そのため、通常よりも危機管理のレベル設定が高くなっているのかもしれません。しかし仮にそうならば、汐留側が同じ雨でもエスカレーターを動かし続けているのは平気なのでしょうか。そもそも屋外エスカレーターの雨天走行に関しては、その安全性に関してどのように考えられているのでしょうか。

仕事先から仕事先へと移動する間に見かけるエスカレーター一つとってみても、「差異」に注目すると、疑問は尽きません。

そして「差異」には、それが人の作ったものであれば、そこに必ず理由があります。たとえば、前述の「ボルヴィック」のボトルの例でいえば、特長であるレモンの香りがより立つようにしたいという工夫が、「差異」を生み出しました。

よくよく考えてみると、普段我々が求められるアイデアの多くは、既存のなにかをアレンジするというものです。それはすなわち「差異」を生み出す作業です。

「差異」から生まれる疑問は、実は日常の中で展開されている知恵や工夫を掘り起こすということに他なりません。それは今度、自分が「差異」を作り出すとき、つまりアイデアを生み出すときの手がかりとなるのです。

疑問を作るときは細部を見る

疑問を作るために、もう一つ僕がやる手が、「細部を見る」ということです。

我々は普段、思っている以上に大雑把《おおざっぱ》に物事を見ていて、細部まで目が届いていません。だからこそ、身近なものの細部に目を向けると、優等生的な疑問が見つかる可能性が高い。

あなたは自分が食べているもの、飲んでいるものの原材料表示をよく見たことがありますか。ここ数年、食品偽装の問題が多発し、以前よりは食品への関心は高まっていると思いますが、それでも原材料表示をよく見ることなどあまりないのではないでしょうか。

しかし、いざよく見てみると、原材料表示という小さなスペースの中にも、いろいろな疑問を見つけることができます。

最近、我が家に買ってあった「ノーカロリー　コカ・コーラ」を飲んだときのことです。原材料表示の中に気になる言葉を見つけました。

「砂糖」

砂糖といえば、カロリーの権化。0カロリーをウリにしている飲み物に、砂糖が入っているというのはどういうことなのでしょうか。

調べてみると、今まで知らなかった事実が出てきました。

「栄養表示基準で100ml5キロカロリー未満のものは〝0カロリー〟と表示していい」

これは常識なのでしょうか。僕は知りませんでした。

そして、一つ疑問が解決すると、そこからまた新たな疑問が生まれます。

「なんでそんなルールを作ったのか」

役所が定めたルールだと思いますが、そこには必ず理由があるはずです。微々たるものとはいえ、カロリーはあるのに、どうして「0」と表示していいことになったのでしょうか。

こんなふうに疑問が見つかるのがおもしろくて、手持ち無沙汰になると、ついつい細部に目を向けるようになりました。

先日もタクシーに乗っていたら、ある細部が気になりました。今、東京ではタクシーの初乗り料金は710円。最初の2キロはこの値段で、その後、90円ずつ加算されます。

では、何メートル走ると90円加算されるかご存知ですか。

その答えはタクシーの狭い車内の中にちゃんと書かれています。

正解は「288メートルごとに90円加算」です。

ここに疑問が立ち上がります。

「どうして288メートルなんて半端な距離ごとに料金が加算されるのだろうか」

もっとわかりやすく300メートルごとでもいいのではないか。

でも、これにもちゃんと理由がありました。その理由は……。この疑問に共感した方は、ぜひとも自分で調べてみてください。インターネットなどで調べれば答えはすぐ見つかるはずです。

例に挙げた二つの疑問は、実際に雑誌の連載で使いました。つまり、僕としてはちゃんと仕事に活かすことのできたものです。もちろん、僕のように、今回のような疑問が即役立つ、というケースはそう多くないでしょう。しかし、みんなが目を向けない細部にあえて目を向ける習慣は、どんな職種の方にも有益だと思います。

「神は細部に宿る」という言葉がありますが、疑問もまた細部に宿っています。それはすなわち、「おもしろい」ことやアイデアの手がかりも、細部に宿っているということなのです。

「なんとなく引っかかる」の作用を使う

「喜怒哀楽」や「疑問」と比べると、「違和感」というのは小さな感情の動きかもしれません。

「違和感」という言葉は、「なんか違う」「なんか引っかかる」という具合に、否定的な意味合いで使われることが多いようです。

ここで注目したいのは「なんか引っかかる」という点。引っかかるというのは、感情が動かされた証拠です。そういう意味では、「違和感」もまた僕にとって「おもしろい」ことなのです。

違和感は、自分の持つイメージや知識との間にズレがあるときに発生します。

それは、夜、表参道を歩いているときでした。閉店後のショーウィンドーに並んだマネキンに違和感を覚え、ふと足を止めました。

違和感の原因は、マネキンの顔に張られた紙でした。普通、マネキンの顔を隠すように紙など張りません。それはなんとも異質な光景でした。

わざわざ近寄って、よく見ると、紙の正体はなんてことないものでした。

「明日移動します」

作業の指示が記された紙だったのです。

ネタがわかってしまえば、「なんだ」という話かもしれませんが、どんなに目立つ服よりも、顔に張られた一枚の紙に惹きつけられた。そのこと自体が、「おもしろい」ことでした。

そして、この出来事から、あるはずのないものがそこにあるということが、いかに違和感を生み、見た人の心を引き止めるかを痛感したのです。

実際、違和感が人の心をとらえて人気を呼んだケースはいろいろあります。

たとえば、少し前に人気を呼んだ白いイチゴ『初恋の香り』。外見はほんのりピンクがかった白色で、中は真っ白。でも、ちゃんと熟していて、食べるとしっかりとした甘みのあるイチゴです。

普通、イチゴといえば赤いもの。それが白いわけですから、かなり違和感があります。もし店頭に並んでいるのを見かけたら、思わず足を止めてしまうはず。色が違うという違和感が、人を惹きつけるのです。

以前、同じような体験をしたことがあります。そのときはイチゴではなくトマトでした。トマトも普通は赤い色。最近はプチトマトなどで黄色いものも出回っていますが、基本は赤。でも、実は赤や黄色以外にも、緑や白、さらには黒いトマトがあることをご存知でしょうか。これらのまさに異色なトマトが並んでいるのを見たときは、かなりの違和感、かなりのインパクトを感じました。しかし、残念ながら白いトマトは白いイチゴほど注目を集めていないようです。どうしてイチゴだと人気を呼ぶのに、トマトだとだめなのか。この違いも僕にとっては非常に「おもしろい」ことでした。

テレビ業界では、一時、「違和感」という言葉がしきりに会議で飛び交いました。リモコンで次々とチャンネルを変えられてしまう昨今、なんとか視聴者の手を止めさせるため、違和感のもつ「なんとなく引っかかる」作用を使おうとしたのです。

違和感を出すための、いろいろな演出がなされました。僕も、芸人が自身の感動的な体験談を語るという番組に参加したときは、ディレクターに「とにかくアップで撮ってほしい」と提案しました。ぼろぼろと泣きながら涙声で語る芸人の顔。これは、かなり違和感があるはずです。それを普通はやらないようなアップで映すことで、さらに強調しようと考えたのです。それが成功したかどうかは視聴者の判断に委ねますが、個人的には見たことのない画面が出来上がったと思っています。

ただし、違和感が常にプラスに作用するとは限りません。うまく使わなければ、それはマイナスになります。

少し前になりますが、ＮＨＫが家庭に眠っている昔のフィルムを集めて、それをアーカイブにするという企画がありました。その中に戦前の日比谷公園を映したものがありました。これがなんとカラーなのです。これにはすごく違和感を覚えました。僕の頭の中では、戦前の風景は常にモノクロ。もちろん、実際には戦前だって街には現在と同じように色彩があふれていたわけですが、今まで見てきた写真や映像がすべてモノクロだったので、勝手にそんなイメージが定着していたのです。

このときの違和感はとても新鮮で、「おもしろい」ものでした。ですが、同じような違和感が映画やドラマの中にあったら、それはむしろマイナスに働くでしょう。

『ALWAYS　三丁目の夕日』。昭和30年代の東京を描いて、当時を知らない人までノスタルジックな気分に浸らせ、大ヒットした映画です。この映画のスタッフは、観客の違和感を排除するため、セットも小道具もあえて古びたものを選んだそうです。

現実には昭和30年代にだって新品のものはあります。しかし、そこにピカピカの電化製品があったら、観客のイメージするノスタルジックな昭和とずれ、悪い意味での違和感が生じてしまいます。あの映画は、リアリティのある昭和の風景を描いているように思われていますが、実はイメージに忠実な昭和の風景だったのです。

このように自分で使うとなると「違和感」は慎重に扱わなければいけませんが、ただ「おもしろい」と思うだけなら、そこにはプラスもマイナスもありません。違和感もまた感情の動きを検出するアンテナだと思って、それをたどっていけば、そこには新たな「おもしろい」ことが見つかるはずです。

想像力を広げる「プロローグ」「エピローグ」の効果

短編小説の名手の阿刀田高さんの著作に『アイデアを捜せ』というエッセイ集があります。いかに小説のアイデアを見つけ、それを頭の中で熟成して小説に仕上げるかを記した本で、小説を書きたい人だけではなく、クリエイティブな仕事に携わる方には、ぜひとも読んでほしい一冊です。

たとえば、お向かいの勝手口に自転車が放置してある。しかも放置されているのは朝から夕方までの間……。そんな日常生活の些細な気になることがきっかけとなって想像力が動き出し、一編の小説になるまでのプロセスが書かれています。

そんな実例を読むと、想像力のスイッチとなる出来事は、まずそれ自体が「おもしろい」のだと、あらためて思います。

想像力のスイッチを入れる出来事は、おもに二つのパターンがあります。「プロローグ型」と「エピローグ型」です。

二つのうち想像力を膨らませやすいのは、「エピローグ型」でしょう。エピローグ、物語の終結部。つまりそこでなにかがあった痕跡です。その痕跡をもとに、なにがあったのかを想像していくのです。

この前、近くの公園を散歩していたら、ベンチの上に妙な落し物がありました。松葉杖です。松葉杖が一本、置かれていたのです。松葉杖を持ち歩くのは、それがかなり必要な場合。だから、普通はうっかり忘れるようなものではありません。しかも、よく見ると松葉杖の一部が破損しています。いったい、ここでなにがあったのでしょうか。

このシチュエーション、想像力が動き出しませんか。妥当な展開から、突拍子のない展開まで、ベンチの上に残された松葉杖一本で想像はいくらでも膨らみます。

もう一つの「プロローグ型」は物語の導入。つまり、この先になにが起きるだろうかを想像させるスイッチです。

これは新橋駅の地下街で見かけた光景です。花屋で、会社帰りと思しき男性が、花を買っていました。しかも、その花は普通の花ではありませんでした。小さな、かわいらしいブーケでした。これが大きな花束ならば、この後に送別会でもあるのだろうかと、さほど想像も広がりません。しかし、それがその男性にはあまりに不似合いなブーケとなると話は別です。誰に、どんな理由で贈るのでしょうか。この先のいろいろな展開が頭の中を駆け巡ります。

もちろん、「プロローグ型」「エピローグ型」、そのどちらかはっきりしないが、想像力を刺激する光景はいろいろあります。

たとえば、終電間近の駅の改札口付近。壁にもたれた女性とその向かいに立つ男性のツーショット。よく見かけるこの光景も、想像力のスイッチとなります。あの二人は幸せな気持ちでああやっているのでしょうか。それとも悲しみや怒りを感じながら、そこにいるのでしょうか。

そこにあるものを見る力が観察力ならば、想像力とはそこにないものを見る力です。アイデアを育てるには、想像力は必要不可欠。そのためにも、まず想像力のスイッチを見つけること自体が「おもしろい」、そう思えるようになるところから、はじめてみてはどうでしょうか。

第三章

他人の視点を利用する技術

自分に「飽きた」ときがチャンス

もう9年以上、自分のホームページやブログでアイデアの素《もと》を記録してきました。最初は書くネタを探すのに苦労しましたが、「おもしろいはまず自己満足で十分」と考えをあらためると、「おもしろい」ことは次々と見つかるようになりました。

しかし、数年たったあるとき、突然、行き詰まってしまったのです。

「これは本当におもしろいのだろうか」

以前ならば、「おもしろい」と思っただろうものを見ても、前ほど感情が動かされないことに気づいたのです。

どうしてこんな事態になってしまったのでしょうか。

飽きてきてしまったのです。

次々と「おもしろい」ことが見つかるようになったのは、それを探すことに慣れてきたから。慣れることによって、効率よく見つけられるようになりました。それはいいことです。しかし、弊害もあります。たしかに数は集まりますが、同じ傾向の「おもしろい」ことばかり集まってしまうのです。同じ刺激を受け続けると、どうしてもその刺激に対して反応は鈍くなってしまいます。同じものを見ても以前のようには感情を動かされなくなります。すると、今度は今まで「おもしろい」と思っていたものさえも、実はそれほどではないのでは、と疑念を抱くようになってしまいます。

このように、普通「飽きる」ということは、あまりいい事態を生み出しません。でも、見方によっては、それはけっして悪いことばかりではないと思います。飽きたのは、自分が習熟した見方や思考パターンを繰り返しているせい。それを自覚できれば、この事態を抜け出す手立てがわかってきます。

今までと違う新しい「おもしろい」を開拓していけばいいのです。

もし、現状に飽きることがなかったら、自分が「おもしろい」と思うエリアは限られたままで、広がることはないでしょう。そういう意味で、「飽きる」ことは新たな「おもしろい」を探しはじめる原動力になると思うのです。

今までの「おもしろい」では自己満足できなくなった僕も、新たな「おもしろい」を探そうとしました。しかし、いざやってみると、これが難しい。僕たちの感情というのは、思っている以上に、それまでの経験や価値観、常識などさまざまなものに縛られています。そこから自分を解放するのは、そう簡単ではありません。

行き詰まった僕がまずやったのは、世間的には「おもしろい」と評価されているが、今までは興味をもたなかったものに、あえて目を向けるということでした。たとえば、今まであまり読むことのなかったジャンルのベストセラーを読んでみる。映画の趣味もかなりかたよっているので、誰もがタイトルを知っているようなヒット作の中にも観ていない作品がたくさんあったのですが、そんな映画も観るようにしました。あるいは、仕事である工業デザイナーの資料を読んだことがきっかけとなって、今までまったく手にとることのなかったデザイン関連の雑誌や書籍にも目を通すようになりました。

たしかにそうすることで、新たな刺激を受けます。新たな刺激を前に、自分はこんなことにも感情を動かされるんだ、という発見があります。この発見は、すなわち新しい「おもしろい」との出合いです。どうして「おもしろい」と思ったのか。それを突き詰めると、日常の「おもしろい」を検出する新たなアンテナを手に入れることができます。

ただし、このやり方には一つ問題があります。

面倒なのです。効果があるとはわかっていても、興味の乏しい本を読んだり、DVDをレンタルして観るというのは、毎回かなり気合が必要です。たとえば途中で、自分が好きな作家の新刊が出たら、どうしてもそっちに乗り換えてしまいます。よほど自分に対して厳しい人でない限り、面倒なことは長くは続かないものです。

特に僕は無類の面倒くさがりなので、もっと楽に「おもしろい」を拡張する手立てはないか考えました。そこで考えたのが、こんな方法です。

「他人のおもしろいを借りる」

なにを「おもしろい」と感じるかも個性。日常の中で、なにを「おもしろい」と思うかは、人それぞれ違います。他人が感情を動かされたものの中には、今まで僕が「おもしろい」と思っていなかったものがたくさんあるはずです。そんな他人が「おもしろい」と思ったもの、つまり「自分以外の人間の心を動かしたもの」に目を向けるのです。

そうするだけで、これまで意識していなかったがゆえに、視界には入っていたけど見えていなかったものが見えてきます。

今まで意識していなかったものへいきなり意識を向けるというのは難しい。それに比べたら、他人の感情の動きに意識を向ける方がたやすいでしょう。「他人のおもしろいを借りる」とは、他人の感情の動きに意識を向けることで、さらにその感情の先にあるものに意識を向けるということに他なりません。

そしてなにより「他人のおもしろいを借りる」、つまり他人の感情の動きをもアンテナとして利用することで、より豊かにアイデアの素材を手に入れることができるようになるのです。

普段の生活の中で、ちょっとだけ目のつけどころを変えるだけでいいのですから。

「おもしろい」を見つける基本は「よく見る」ことです。ここまで、まず日常をよく見てきました。続いて、自分の感情をよく見てきました。今度は他人を、そして他人の感情を動かしたものを「よく見る」番です。

会議は「他人の視点」の宝庫

他人の「おもしろい」を借りる。

しかし、他人というのは無数にいます。どこで、誰に注目するのがいいのでしょうか。

対象はいろいろと考えられますが、手はじめとしては、その人が自分の「おもしろい」と思っていることを外部に対してアピールしている、そんな姿に目を向けるのがいいでしょう。いろいろな人が、自分の「おもしろい」と思うことをアピールしている場所。実はそれは、とても身近な場所にあります。

会議です。特に参加者がアイデアを持ち寄って企画を練る、ブレスト的な会議。ここでは参加者が、自分の「おもしろい」と思ったことを言葉にしています。これほど他人がなにを「おもしろい」と思っているかわかりやすい場所もないでしょう。そう、会議こそ日常の中で、もっとも効率よく「他人のおもしろいを借りる」ことができる場なのです。

僕が参加するテレビ番組の会議は、ブレスト風のものがほとんど。たいていは事前に宿題と称される課題が出され、各自がアイデアを持ち寄り、それを発表しながら、アイデアを煮詰めていきます。出される宿題の内容はさまざま。新番組の企画や番組内のコーナー企画、新しいトークの見せ方や罰ゲーム案など、いろいろなサイズのアイデアを求められます。

どんなブレストでも、「他人のおもしろいを借りる」チャンスはあります。ですが、なるべく具体的な課題や制約の厳しい課題の方が、考え方の違いがわかりやすいため、「おもしろいを借りる」という目的にはあっているようです。

たとえば、以前、こんな課題を出されました。

「クラシック音楽をテーマにした30分の深夜番組」

深夜番組とはいえ、クラシックというのはなかなかあつかいづらいテーマです。クラシックに興味のある人だけを対象にした企画であればまだ楽ですが、民放の深夜番組としてはターゲットが狭すぎて、それでは成立しません。クラシックをテーマにしながら、クラシックに興味がない人でもおもしろいと思ってもらえるポイントを探さなければいけません。

実は僕自身、それまでクラシックという音楽自体に興味はありませんでした。しかし、クラシックの周辺で、唯一「おもしろい」と感じている点がありました。それは作曲家たちのエピソード。天才と呼ばれる人たちは、必ず一つや二つ、常識はずれなエピソードを残しています。ここにスポットを当てれば、クラシック音楽に興味のない視聴者にも、ある種の奇人伝として楽しんでもらえると考えたのです。

ですが、エピソードを普通に再現ＶＴＲで描いても、深夜番組としてはお行儀よすぎる感じがします。もう少し変わった見せ方はないものか。

そこで僕は二つの企画を考えました。

一つは『ベストヒット・クラシック（仮）』という企画。クラシックと呼ばれる曲も、誕生した当時は最新のヒット曲。それを作った作曲家は、現代の人気アーティストと同じ。そんな彼らが現代に蘇《よみがえ》り、ＦＭの音楽番組に出演したら、という設定の番組です。現代のアーティストが、新しいアルバムが出ると、ラジオに出演し、曲の解説や最近のエピソードを披露しながら曲を紹介するように、モーツァルトやブラームスがラジオに出演するという、ちょっとドラマ仕立てのクラシック番組です。

もう一つの企画が『アポロンの妻たち（仮）』。作曲家たちの姿や曲が誕生したときの様子を、作曲家の妻の視点で描くという企画です。企画のもとになったのは、ずいぶん前に読んだ手塚治虫さんの妻・悦子さんが書いた『夫・手塚治虫とともに』という本。この本を読んだとき、「天才の奥さんは大変だ」という印象がありました。エピソードというのはどうしても限られています。しかし、妻の視点で描いたら、よく知られたエピソードも新鮮に描けるのではないか、そう考えたのです。妻役を毎回、今後ブレイクが期待される若手女優に演じてもらったら、さらに広い視聴者を獲得できるだろうという下心もありました。

このとき、僕以外の放送作家にも同じ課題が出されました。そして、その人が出した企画を見たとき、「その手があったか」と思ったのです。

それは「芸能人の指揮者修業」というような企画でした。毎回、一人の芸能人があるクラシックを課題に出され、指揮の練習をする。指揮の練習の大変さは、僕にはよくわかりませんでしたが、ここはドキュメンタリーとして成立するでしょう。課題曲に対する理解を深めるため、練習の途中で、その曲の背景や作曲家の人物像といった要素も入ってくるでしょう。そしてなにより、最後にプロの演奏家を前に指揮をするという華やかなクライマックスが待っています。

その中身もさることながら、この企画を見たとき、一番やられたと思ったのは、クラシックというテーマから、「指揮者」に目をつけたところです。僕はクラシックの曲にばかり囚われていました。おそらく彼は以前から、指揮者を「おもしろい」と感じていたのでしょう。

しかし、僕はそう感じていなかった。だから、オーケストラの演奏だって何度も見ているのに、指揮者という存在に意識が向かなかった。見ているのに見えていなかったのです。

会議で、こういった自分にない着眼点の企画に出合うと、もちろん悔しい。でも、同時に、「いいものを見せてもらった」という気にもなります。

会議で他の人が出したアイデアをそのまま他所《よそ》で使ったら、それは単なる盗用。やってはいけないことです。だけど、そのアイデアにいたるまでの着眼点や考え方、つまりなにをどう「おもしろい」と感じたかに©はありません。だから、いくら真似しても怒られることはありません。堂々と無断借用させてもらいましょう。

プロができないことだからすばらしい

会議にはいろいろな立場の人間が参加します。たとえば、僕が参加する番組の会議にしても、そこにいるのは放送作家だけではありません。ディレクターがいます、プロデューサーがいます。一つの企画に対し、それぞれがそれぞれの立場で意見を述べていきます。

視点や発想というのは、その人の立場に大きく影響されます。同じものを見ても、放送作家とディレクターでは、その見方も感じ方も違います。

先日も、ある会議でネット上の動画の話になりました。僕も、日ごろからＹｏｕＴｕｂｅなどはよく利用するのですが、おもに見るのは過去の番組や海外の番組、あるいは一般の人が作った自主制作映像。特に自主制作映像には、その発想に驚かされるものがたくさんあります。おそらく、これがネット上の動画に関する、もっとも普通の楽しみ方でしょう。

ですが、その会議で同席したあるディレクターが「おもしろい」と感じたものはまったく別物でした。彼が「おもしろい」と見せてくれたのは、普通の女の子たちの映像でした。海外の映像が中心でしたが、友だちの家に泊まった女の子４人がヒット曲にあわせて踊る姿を据え置きカメラで撮った映像やチアリーディングのキャンプで女の子たちがはしゃいでいる映像など、ホームビデオで普通に撮った映像ばかり。僕ならば、けっして気には留めないようなものばかりでした。

「〝青春〟って感じがいいでしょ」

どうやら彼はこれらの映像に、青春の一ページを見ているようでした。言われてみれば、どれもB級青春映画のように見えます。こういった映像を青春映画のワンシーンとして見る、それは僕にはない見方でした。しかし、それ以上に興味深かったのは、彼のこんなひと言でした。

「こんな映像、俺たちがどんなにがんばっても、絶対に撮れないしね」

たしかに同じシチュエーションで同じ女の子たちを集めても、そこにディレクターがいたら、彼女たちもあんなふうに普通にはできないでしょう。ディレクターが立ち会わずに、カメラだけ渡して撮影してくれとお願いしたとしても、それがテレビで使われるとなったら、彼女たちも意識して、あそこまで普通ではいられないはずです。

「プロには絶対に撮れないからおもしろい」

映像のプロであるディレクターだからこそ、そんなふうに感情を動かされたのです。

これも、僕が意識してこなかった「おもしろい」ことでした。

そこで早速、この見方を借りてみました。すると、同じようにネット上の動画を見ても、以前はまったく気にならなかったものが、気になるようになりました。「おもしろい」を探し出すための新たなアンテナが手に入ったというわけです。

会議には必ず自分とは立場の違う人間がいます。いわば同業種内異業種ともいえる彼らの発言や考え方をよく見てみてください。

会議は他人の「おもしろい」を自由に借りたい放題できる場。考え方を少し変えるだけで、自分の「おもしろい」を拡張し、発想力を磨くことのできる場に早変わりするのです。

日常の中の異業種交流を活用せよ

同じ放送作家という同業者、続いて、ディレクターという同業種内異業種と、他人のエリアを広げてきました。となれば、次は異業種。僕は異業種の人と話すたびに、いつも新たな「おもしろい」を見つけるための視点や発想をもらいます。

「最近の女の子は自分の写真を嫌がる」

そう教えてくれたのは、知り合いの女性カメラマンでした。彼女は今、仕事とは別に、自分の作品として、10代の女の子の写真を撮っている、という話でした。その一部を見せてもらって気づいたのは、モデルでもないのにみんな、表情を作るのがうまい、ということでした。どの写真もかわいく撮れています。彼女たちはこの写真のどこに不服だというのでしょうか。

「あのコたち、プリクラに慣れちゃってるから」

なるほど。カメラ慣れしているから、みんな表情を作るのがうまかったわけです。でも、カメラ慣れしているなら、どうして自分の写真が嫌いなんでしょうか。何百枚とプリクラで自分の写真を撮っているはずなのに。

カメラマンの彼女の分析はこうでした。

最近の10代の女の子たちはプリクラをよく撮る。実はそれが写真嫌いの原因。というのも、プリクラの写真は、ソフトフォーカスがかけられている、黒目が実物より大きく写るなど、なんらかの加工がなされています。一方、カメラマンの彼女が撮った写真は、とてもクリアに女の子たちの姿を写しています。その鮮明さが、プリクラの写真に慣れてしまった女の子たちには受け入れられないのだろうということでした。

「ゲーム脳みたいに、〝プリクラ視覚〟っていうのもあるんだと思う」

この仮説が正しいかどうかはわかりません。しかし、カメラマンという職業だからこそ出てきたこの仮説は、僕にはけっしてない考えでした。そのことが頭の中のハードディスクに収められただけで、十分な収穫です。

異業種の人と接し、その発想や価値観に触れる。その有効性は、僕がいうまでもなく、すでに広く知られています。実際、それを目的とした異業種交流会のようなものはよく開かれています。

しかし、異業種交流をしたいなら、そんな場にわざわざ出向く必要はありません。その気になれば、僕たちのまわりには異業種の人がいくらでもいます。学生時代の友人なんて、今ではほとんどが異業種でしょう。実は先ほどの女性カメラマンというのも、友人の奥さんです。他にも、取引先の方が異業種であることが多いですし、移動のときに乗ったタクシーの運転手さんだって異業種。ずっと家にいる奥さんだって、ある意味、専業主婦という立派な異業種です。

あるいは食事に入った店の人だって異業種。料理の説明をしてくれる短い会話の中から、新たな考え方をもらうことだって可能です。

先日、知り合いに紹介してもらって初めて行った鉄板焼き屋でちょっと変わったスープが出てきました。ごぼうとこんにゃくをつぶして塩味で仕立てた、やさしい味のスープでした。なんとも変わった材料だったので、思わず作り方を聞いてしまったのですが、その説明の途中で、シェフがとんでもないことを言い出しました。

「実は私、こんにゃくが苦手なんですよ」

「え、そうなんですか。でもまた、なんでわざわざ自分の苦手な食材でスープを？」

「女性向けのヘルシーなスープを作りたくて」

コースで鉄板焼きを食べると、どうしてもカロリーが高くなる。そこでスープは女性向けにヘルシーなものにしようと考えたんだそうです。低カロリー食材の代表といえば、キノコかこんにゃく。こんにゃくが苦手なら、キノコのスープにすればいいと思うのですが、そのシェフはあえて、苦手なこんにゃくを選びました。

「キノコのスープっていうより、こんにゃくのスープの方がインパクトあるでしょ」

たしかにそうです。この姿勢も見習いたいところですが、しかし、そのためには苦手な食材と向き合わなければいけません。

さて、ここからが、僕が刺激を受けた発想です。

彼はまず、「自分はこんにゃくのどこが嫌いか」ということを考えたのです。

思い当たったのが、こんにゃくの持つ独特のえぐみでした。嫌いでない人にはわからないかもしれませんが、こんにゃくには独特のえぐみがあります。あれさえなければ、こんにゃく嫌いの自分でも食べられる、そう考えたのです。続いて、えぐみを消す手段を考えました。乳製品を使えば、えぐみは消せますが、それだとカロリーが高くなってしまう。それでは意味がありません。そこで目をつけたのが、ごぼうでした。すりおろしたごぼうは実は意外とクリーミーで、しかも食物繊維がたっぷり。ヘルシーな食材です。

こうして完成したのが、僕が食べたスープでした。

「苦手なポイントをあぶり出し、それを解消する手段を考える」

シェフの話から導き出されたのは、こんな考え方でした。普通ならば、苦手なもの、嫌いなものから逃げたいものです。ですが、仕事上でアイデアを考えるときは、そうも言っていられないことがよくあります。そんなとき、この考え方は使えます。苦手だからできる発想法。好きな人からは出てこない、嫌いだからこそ出てくるアイデアというのもありそうです。

もちろん、シェフは単に料理について説明してくれただけです。でも、そんな小さな会話の中にも、自分が応用できる視点や発想が含まれていることがよくあります。それを見逃さないためには「日常の中にも異業種交流がある」ということを意識しておくことが大切です。

公共の場で出会う他人の驚くべき価値観

思えば、電車の中やカフェなど、公共の場所は他人のるつぼです。そこにはいろいろな年齢、いろいろな職業、いろいろな立場の他人がいます。こういった場で、僕が周囲の会話に耳を傾け、その様子に目を向けてしまうのは、そこにある自分にはない考え方や価値観に触れるためでもあります。

ふと耳に入った会話に、ひどく驚かされることはよくあります。

「カレシの元カノの元カレを、知っていますか」

以前、そんなキャッチコピーの車内吊りがありました。ＨＩＶ検査を呼びかける公共広告機構の車内吊りです。これを初めて見たとき、うまいところを指摘するなあと感心しました。たしかに僕も、カノジョの元カレの元カノが誰だなんて知っていたことは一度もありません。

僕の心に深く刺さったこのメッセージ、おもに若い人たちに向けたメッセージのようでした。ところが、ある電車の中で、送り手が一番メッセージを受け取ってほしい相手であるはずの若い女性たちが、このポスターを見て笑っているのが聞こえてきました。

「知るわけないじゃん」

一刀両断。秒殺です。

これ自体、「おもしろい」出来事でもあります。では、ここに「他人のおもしろいを借りる」という姿勢を持ち込んで、この出来事を見るとどうなるでしょうか。

このコピー、僕は何度見てもすばらしいと思います。しかし、残念ながらもっとも訴求したい相手には届いていません。これを、単に彼女たちの理解力不足と言ってしまうのは、残念な考え方だと思います。彼女たちは圧倒的に「他人」なだけです。

そんな他人の彼女たちの言葉から僕が得たのは、こんな考えでした。

「婉曲《えんきょく》な表現では彼らの感情は動かされない」

その人がなんに感情を動かされたかを「よく見る」ことだけが、自分の「おもしろい」を拡張する方法ではありません。逆に、なんに感情を動かされなかったか、つまり「おもしろい」と思わなかったかを「よく見る」ことが、とても参考になることもあります。このケースは、まさにそうです。

ストレートに伝えるより、婉曲な表現の方がメッセージとしては上質である。しばしばそんなふうに思いがちです。僕もテレビ番組を作っていくうえで、同じような考えによく陥ってしまいます。ですが、伝えたい相手によっては、それはむしろ逆効果である。それを実感として頭の片隅に置いておくと、アイデアや企画を検証する際のいい視点の一つとなるでしょう。

公共の場で出会った他人から、こんなふうにすぐに役立つことを得られることは稀《まれ》です。でも、そんなことは関係なく、自分の価値観やルールとは異なる会話や行動を見つけたら、とりあえず保存するようにしています。

それぐらいの気持ちで眺めると、公共の場には保存しておきたい会話や行動が無数にあります。

たとえば、電車の中でメイクをする女性というのは、今ではよく見かける光景です。この行為も、僕にはない価値観の表れだとは思いますが、さすがにもう言い尽くされた話なので、ここでは触れません。ところが先日、さらにその先を行く光景を目撃しました。

目の前の席で若い女性がメイクをしていました。ここまではいつもの光景。驚いたのは、その次の行動です。

彼女が使っていたメイク道具を隣に座っていた中年女性に渡したのです。

中年女性も、それがあたり前であるかのような顔でメイク道具を受け取っていました。もうおわかりでしょう。二人は親子だったのです。母親はどう見ても僕より年上。僕の感覚では、娘が電車の中でメイクをはじめたらたしなめる、というのが普通だと思っていました。しかし、たしなめるどころか娘のメイクを手伝うとは。そこには僕にはない別の価値観があるとしか思えません。

これも電車の中で見かけた光景ですが、僕の傍らに立っていたカップルの前の席が一つ空きました。普通は彼女が座る、と思います。ところが、座ったのは彼の方でした。しかも、ごくあたり前のような態度で。別に体調が悪いとかそういうことでもなさそうです。彼女も別に彼が座ったことを不快に思っている様子もありません。

彼が特別なのか、それともそんなカップルが増えつつあるのか。いずれにしろ彼らの行為は僕には理解できませんでした。やはりそこにはまた別の価値観があるようでした。

ここに挙げた二つの光景が、なにかアイデアの素材として使われる日がくるかどうかはわかりません。しかし、いくら頭で考えたところで、自分の中からは出てこない光景です。それは確かです。それだけでも十分ストックしておく価値はある、そう思います。

家族の価値観をどれだけ知っているか?

公共の場所で出会う他人は、いわば一番遠い他人。では、今度は逆に「一番近い他人」をよく見てみましょう。

一番近い他人、それは家族です。両親、妻、夫、子ども、独身の人なら彼氏、彼女も入れてしまってかまいません。

家族が他人、というのは妙な言い方に聞こえるかもしれませんが、ここで言う他人とは自分とは違うものに感情を動かされる人、という意味合いです。家族みんながみんな、同じものに対し同じように感情が動かされるわけではありません。僕も家族と同じテレビ番組を見ていて、自分とはまったく違う部分に反応することがあり、よく驚かされます。

家族、それはとても身近で見慣れた存在です。でも、「他人のおもしろいを借りる」という意識で家族をよく見ると、そこにも発見はあります。家族のことを見ているようで、実は意外と見ていなかったということに気づかされることもあるでしょう。

家族という身近な存在でも、意識してよく見ることで、新たな着眼点や発想を得ることができます。実際、僕もそんなふうに家族の感情の動きから、アイデアを得たことは何度もあります。

以前手がけた『今、日本がおかしい!! 子どもを守れ!お母さんが学校に〝教育再生〟直談判スペシャル』という番組もその一つ。バラエティ番組なので、タイトルは、ちょっとふざけた感じですが、内容はまじめな教育問題番組でした。

当時、学級崩壊がさかんにマスコミで取り上げられ、安倍内閣の教育再生会議がスタートするなど、学校教育が世間の注目を集めていました。その風潮を受けて、テレビの世界でも学校教育をテーマにしたバラエティ番組がいくつも作られました。その流れに便乗するため、僕も学校教育をテーマにした企画の発注を受けたのですが、すでにかなりやり尽くされており、なかなか新しい切り口が見つかりませんでした。

そんなある日、参考にと教育関係の番組を見ていたら、一緒に見ていた妻が突然怒り出したのです。

「評論家とか政治家とか学校を変えるって言うけど、結局、変わるころにはウチの子は卒業してるじゃない」

こうして書くと、とてもあたり前のことを言っているように聞こえるかもしれませんが、その言葉を聞いたとき、僕にはとても新鮮でした。僕自身、それまでにも学校教育をテーマにした番組をいくつか作ってきましたが、そんなふうに考えたことは一度もなかったからです。

それはお母さんだから出てきた感想でした。学校という教育の現場に日々接しているお母さんだからこそ起きた感情の動きでした。

たしかに、学校教育をテーマにした番組で議論しているのは、政治家も評論家もほとんどは男性。番組を作っているスタッフも大半は男性か、女性がいても独身。そこには実際に学校に接しているお母さんの存在はありません。そんな状態で作られた番組は、お母さんたちから見ると、すべてが机上の空論、実は単なる討論ゲームに見えていたのではないか。そう疑う視点を得たのです。

では、お母さんの立場で今の学校教育問題を取り上げるとどうなるだろう。そう考えて作ったのが、前述の企画です。１００名のお母さんと10人のママタレントが現役教師や政治家、教育評論家と徹底討論するというものでした。いたってシンプルな内容ですが、こんなふうに学校教育問題の真ん中にお母さんを据えた番組は、それまでありませんでした。

議論はするが、あえて結論は出さないようにするというのも、従来のこの手の番組とは少し違うところでした。結論が出ないと、番組としてのパッケージ感がなくなるため、普通は強引にでも一応の結論を出すようにします。でも、お母さんからすると、そんな結論はすべて空疎なもの。番組のための結論にすぎません。それより、今まで発言権のなかったお母さんたちの声を一つでも多く送り出すことの方が、メインの視聴者であるお母さんの心に響く、そう考えたのです。

こうして作った番組は視聴率という結果の面では、大成功とは言いがたいものでしたが、手垢にまみれはじめていた学校教育というテーマを少しだけ再生できたと思っています。第二弾を作るという話もあり、そうすればもっといい番組を作れる自信はあったのですが、放送が終わったころから、テレビ界の学校教育ブームが急速に去ってしまい、リベンジのチャンスがなくなってしまったのが、今も残念でなりません。

モノの気持ちになって見る

「他人のおもしろいを借りる」というのは、言い換えれば、別の人の立場になって見てみる、ということです。

立場が違えば、当然、見えてくるものも違ってきます。

最近、二十数年ぶりに自転車に乗るようになったのですが、そうなると、住宅街の狭い道の真ん中をだらだら歩いている人や、横に広がって歩いている人たちがやけに気になるようになりました。今までも同じ光景は目に入っていたはずですが、まったく気にも留めませんでした。しかし、自分の立場が歩行者から自転車に乗る人に変わった途端、今まで見えなかったものが見えてきたのです。

立場が変われば、視界も変わる。それによって生み出されたものは、世の中にいろいろあります。和歌山県のちょっと変わった信号機も、そんな立場が変わったからこそ見えてきた新しい視界の産物。この信号機、なんと交差点の手前の地面に埋まっているのです。だから、普通の人はなかなかその存在には気づきません。

どうしてわざわざこんな不思議な信号機を設置したのでしょうか。

それはお年寄りのためでした。視力が衰え、腰が曲がったお年寄りには、通りの向こうの信号機を見るのはひと苦労。そんなお年寄りのために、この埋め込み式の信号機が新たに設置されたのです。

実はこの信号機を発案したのは、地元の小学生でした。今から20年ほど前、地元の小学生が、高齢者体験授業ですりガラスのメガネをかけ、腰を曲げて街を歩いた際に、お年寄りには信号機がまったく見えないことに気づいたのだそうです。それはお年寄りの立場になったからこそ初めて見えてきたものでした。

こんなふうに実際に別の人の立場を体験してみる。それは別の人の立場になって見るための、もっとも端的な方法です。さらに近ごろは、バーチャルに別の人の立場を体験することができるケースもあります。

拓殖大学の岡﨑章教授が開発したパソコンソフト「Ｓｍｉｌｅ」。これは入院した子どもたちに、手術や治療の手順を三次元ＣＧでわかりやすく説明し、これからなにが行われるのかを理解させるためのものなのですが、このソフトにはこんな機能もついています。

画面を切り替えると、子どもたちの視界になる。

この機能には子どもに、このときはこんなふうに見えると教えると同時に、それを看護師に体感させる効果があります。たとえば、ストレッチャーに横たわったとき、子どもから自分はどう見えているのか。それを知ることで看護師は、より子どもの立場に立った声のかけ方や接し方を考えることができるのだそうです。

しかし、実際に別の人の立場を体験するというのは、入院患児の例のようにバーチャルなケースを含めたとしても限界があります。たとえば、お母さんの立場というのを追体験するのはまず不可能です。

では、追体験できない人の立場になるためには、どうすればいいのでしょうか。

それは感情移入です。

その人の感情＝気持ちになることによって、その人の目線を得ることができるのです。そして感情移入するために欠かせないのが、その人の感情の動きを「よく見る」こと。どこで、なにに、どう感情を動かされるのか。つまりなにを「おもしろい」と感じるのか。それをよく知ることにより、その人への感情移入はできるのです。

ここまでは、意識的にやっているかどうかは別にして、誰でも経験のあることでしょう。ですが、自分の「おもしろい」ことを検出するアンテナを広げるという目的のためには、これだけではちょっと物足りません。感情移入する対象をもっと広げてみましょう。

人間以外のモノに感情移入してみるのです。

モノの気持ちになって見てみる。一見、突飛なことを言い出したように聞こえるかもしれませんが、モノに感情移入する人というのは意外に多い。ペット好きの人が愛犬や愛猫の気持ちになることはよくあることですし、自分の愛用品が傷ついたとき、我が身が傷ついたかのようにショックを受けるということもよくあります。ただ今回やろうとしていることが、それと違う点を挙げるとすれば、意識的に感情移入するという点と、単に感情移入するだけではなく、そのモノが自分のまわりの状況をどう見ているかまで考える、という点でしょう。

僕の場合、こうした視点の切り替えは、思考のストレッチやエンターテインメントのアイデアを考えるときに行います。でも、もっと現実的に仕事に活かしている方がいることを、新聞の記事で知りました。

葛飾区で自動車修理工場を営む原誠二さんは、フランスの車、プジョーの修理では日本一と言われる整備士。原さんは故障した車が持ち込まれると、こう考えるそうです。

「車が壊れるのは人が乗るから」

あくまでも車の味方。常に車の立場になって考える。時には、あまりに車の立場になりすぎて、お客さんから抗議を受けることもあるそうですが、そうするからこそ初めて見えてくる故障の原因がある。だからこそ日本一の整備士とまで呼ばれるようになったのだと思います。

モノに感情移入してみる。モノの気持ちになって見る。試してみるのは難しいことではありません。とりあえず、自分の愛用品の気持ちになって、今、そのモノがなにを考えているのか、あるいはあなたに対してどう思っているのか。そんなことを考えるところからはじめてみてはどうでしょうか。

どうしてそのアイデアが人を動かすのか？

優れたアイデアとの出合い。それもまた自分の「おもしろい」ことを検出するアンテナを拡張するための契機です。

優れたアイデアに出合うこと、あれこれ考えてしまいます。本業のテレビはもちろんのこと、それ以外でも、日々の暮らしの中で優れたアイデアを目にすると、いろいろ考えたくなってしまう。

特に考えてしまうのは、どうしてそのアイデアが人の心を動かすのかという点。アイデアの根っこの部分になにがあるのか、それを自分なりに探ってみたくなるのです。

たとえば、前に「学校のノーチャイム制」という新聞記事を読みました。もうずいぶん前から実施している小中学校もあるようですが、その名のとおり、授業の開始や終了を告げるチャイムをなくし、代わりに全教室に時計を設置する、という取り組みです。

チャイムがなければ、休み時間が終わりになったのも忘れて遊んでしまい、授業の開始が遅れてしまうのではないかと心配になるところですが、実際はその逆。チャイムをなくした方が、時間どおりに授業がはじめられるのだそうです。

どうしてノーチャイムの方が、時間どおりにはじめられるのでしょうか。

それは、チャイムが鳴らないことで、逆にみんなが時間を意識するようになるからだそうです。たしかにチャイムが鳴るのであれば、誰も時計なんか気にしません。チャイムの合図に従って、行動すればいいのですから。ですが、ノーチャイムだとそうはいきません。常に自分で時間を気にしながら、行動しなければいけなくなります。

これを知ったとき、なんてすばらしいアイデアだと感心しました。

探してみると、似たような事例は他にもありました。愛知県のある市では、一部の道路のセンターラインをあえて消してしまったそうです。センターラインをなくしてしまったら、事故が多発しそうですが、こちらも結果は逆。交通事故がなんと半分に減ったそうです。

センターラインがあれば、対向車がこちらの車線に入ってくることはありません。だから、安心してスピードを出してしまいます。しかし、センターラインがなくなると、対向車が自分の車線に入ってこないとも限りません。そのため対向車に注意を払うようになり、スピードも出さなくなるため、事故防止に繋がるということなのです。

「あるべきものをなくすことで、意識を向けさせる」

ノーチャイムとセンターライン消去、二つのアイデアに共通する根っこはこの点です。

普通、意識を向けさせるためには、なにかをプラスする方向に考えてしまいます。チャイムならばメロディを変えるとか音量を大きくするとか。センターラインにしても色やデザインを変えるという方向に考えが行きそうなもの。それを逆に、なくすことで意識を向けさせるという発想は、なかなか出てくるものではありません。

なくすことで意識を向けさせる。この方法は、いろいろと応用ができそうです。たとえば、僕の仕事なら、テレビ番組で必ず効果音をつける部分にあえてなにも音をつけない、というのも違和感を生み出し、視聴者の意識を向かせることができる気がします。

そしてさらに、ノーチャイムというアイデアは、そもそもの考え方にも、新しいアングルを与えてくれました。

「足すばかりがアイデアではない。引くこともアイデア」

既存のものをいじって新しいアイデアを生み出すときは、どうしてもなにかをプラスしがちです。しかし、マイナスすることで新しいアイデアが生まれることもある。だから、プラス方向だけでなく、マイナス方向についても考えをめぐらせてみた方がいい。

そんな考え方を、あらためて実感しました。

具体化されたアイデアには、発案者の心の動きが詰まっています。だから、優れたアイデアをよく見て、掘り下げることは、その人がなにを「おもしろい」と感じたかに迫ることだと思います。これもまた「他人のおもしろいを借りる」一つのやり方です。

もちろん、自分で導き出した答えが、発案者のものと同じとは限りません。後で発案者の考えを知って、実は全然違っていたということもあるでしょう。でも、それを嘆くことはありません。そもそも考え方に正解などないのですから。自分で導き出した考え方、発案者の考え方、新しい二つの考え方が手に入ったと、喜んでしまいましょう。そして、こうして手に入れた新しい考え方が、新しい「おもしろい」ことをもたらしてくれるのです。

テレビには一生行くことのない場所の情報が飛び交っている

いかに自分の感情が、先入観や常識といった固定観念に縛られているか。普段自分が属している社会とは別の場所に身を置いたとき、それを痛感させられます。

ある仕事でスコットランドのアイラ島を訪ねたときのことです。ウイスキー好きの方には有名だと思いますが、アイラ島は「シングルモルトの聖地」と呼ばれる島。島の大半が泥炭の草むらに覆われた人口わずか4000人の小さな島ですが、過疎化が進む日本の島々とは違い、滞在した村では、子どもたちの姿をよく見かけました。そんなアイラ島の村で、日本ではまず見かけない光景に遭遇しました。

それは、幼児をリードで繋いで散歩するお母さんたち。

さすがに首輪というわけではありませんが、子どもの腰のベルトにリードを繋ぎ、散歩させていたのです。滞在中、そんな親子を何度も見かけたので、向こうでは一般的な方法なのでしょう。

物珍しそうに見ていると、現地コーディネーターの女性が、

「あれ、気になりますか？」

「そうですね」

「日本から来た方はみんな、そう言うんですよ。中には眉をひそめる人もいますよ、まるで犬を散歩させているみたいだって。でも、ああやっていた方が安全ですよね」

言われてみれば、日本のようにヨチヨチ歩きの子どもを自由に歩かせるより、リードで繋いでいた方が安全です。車通りのある道では短く、人の少ない広場では長くとリードの長さを調整すれば、その場に応じて子どもたちをコントロールすることができます。たしかに便利なやり方です。

しかし僕も最初見たときは、便利であるというより、まるで犬の散歩のようだな、という印象が先立ちました。固定観念に囚われている証拠です。もし、コーディネーターの女性の言葉を聞かなければ、それが実はとても便利であるということにも気づかなかったかもしれません。

海外というのは、自分の固定観念を気づかせて、それを壊してくれる場所です。しかし、だからといって、そうちょくちょく海外に行くなんてことはできません。では、どうしたら普段の生活をしながら、自分が属する以外の世界に触れることができるのでしょうか。

その一つの方法がテレビだと思います。

テレビをよく見てください。そこには一生行くことのない国の情報がたくさん飛び交っています。一生出会うことのない人々が、自分の「おもしろい」ことを露《あら》わにしています。実際、僕も海外を舞台にした番組を作る中で、自分の固定観念に気づかされたことが、何度もあります。

以前、ある番組で、日本ならではの品々をヨーロッパに持って行き、なにが欲しいかと街で尋ねる、という企画をやったことがあります。扇子やこけし、草履や蚊取り線香など、いかにも日本らしい品々が並ぶ中で、一番人気だったのはちょっと意外なものでした。

一番人気があったのは、ランドセルだったのです。

老若男女を問わず、ランドセルが圧倒的な人気でした。

「両手が自由になる」

「丈夫で中に入れた物がつぶれない」

「軽くて雨にも強く、しかも高級感がある」

選んだ理由を聞くと、どれも納得のいくものばかりでした。

もちろん、ヨーロッパにも背負うタイプのバッグはありますが、ランドセルのようなものはないようです。中には「形がかわいい」と言う若い女性もいました。

しかし、それまで僕はランドセルをそんなふうに考えたことはありませんでした。あれは、小学生の通学用のカバン、そう思い込んでいたからです。ですが、そんな固定観念を外して、あらためてランドセルをよく見れば、丈夫で、中には仕切りやポケットもたくさんあり、たしかに使い勝手がよさそうです。ランドセル＝小学生という固定観念がなくなれば、大人用のバッグとして使われるようになってもおかしくありません。

このときも、僕は自分がいかに固定観念に縛られているかを痛感しました。

日ごろ、自分が触れることのない新しい常識や価値観に出合う機会は、テレビの中には無数にあります。そう思ってテレビを見れば、テレビ番組も「おもしろい」ことを検出するアンテナを拡張する手立てとなります。

さらに他にも、見方を変えることで、テレビから得られるものはいろいろあります。

次章では、他業種の方にも役立つテレビの見方をご紹介しましょう。

第四章　テレビの発想を盗む技術

テレビ番組は発想の宝庫

バラエティ番組は発想の宝庫です。ぜひ参考にしてください。

これも、ビジネスマン向けのセミナーでよく語ってきたことですが、そう言うと必ず怪訝《けげん》そうな顔をされてしまいます。

ですが、バラエティ番組の発想は、他のビジネスシーンでも絶対に参考になります。別に僕がテレビ業界の人間だから、身びいきで言っているわけではありません。本気でそう思います。

一般的にビジネスマンが自分の仕事の参考にと見る番組といえば、どんな番組でしょうか。そう質問するとよく返ってくるのが、『プロフェッショナル　仕事の流儀』（NHK）や『ガイアの夜明け』（テレビ東京）といった番組です。

たしかにこれらの番組は他業種の方の参考になるでしょう。しかし、参考にしているのは、あくまでそこに出てくる情報。でも、僕がバラエティ番組から参考にしてほしいのは、番組そのものなのです。

基本的にバラエティ番組は視聴者に楽しんでもらえばいいと思って作られています。なので、漫然と見ていると、楽しいだけで終わってしまいます。だからバラエティ番組からその発想を参考にしようと思ったら、ここでも「よく見る」ことが必要になってきます。

では、バラエティ番組のどの部分を「よく見る」といいのでしょうか。

そのためには、番組企画の構造について知っておいてもらった方がいいでしょう。現在のおもなバラエティ番組の企画はこんな構造になっています。

$\alpha \times \beta \geqq C$

αは「テーマ」あるいは「情報」、βは「伝え方」です。

いきなり数式が出てきたので驚かれたかもしれませんが、要はバラエティ番組の企画というのは、情報とそれをいかに視聴者に伝えるかの演出や仕掛け、その二つの要素から成り立っているということ。この二つの要素を掛けあわせて、合格ラインを超えたものが、実際の番組としてオンエアされているのです。

テレビ欄を見てもらえばよくわかると思いますが、現在のバラエティ番組の多くは、グルメ、旅、健康、雑学といった既存の情報の上に成り立っています。トーク番組も、見どころとなるのは、芸能人の体験談や趣味嗜好。これだって立派な情報です。そう、かつての『8時だョ!全員集合』や『オレたちひょうきん族』のように、純粋にテレビの中だけで作られている番組というのはほとんどありません。

それがいいのか悪いのかの論議はさておき、これが今のバラエティ番組の現状です。そんな現状を知ってもらったうえで、もう一度先ほどの数式を見てください。

$\alpha \times \beta \geqq C$

もしαの値が高ければβの値が低くても、合格ラインであるCを超えることができます。

αは「テーマ」や「情報」。つまりテーマや情報が十分に価値のあるものであれば、特別な演出や仕掛けをしなくても、及第点をとることができる。つまり番組企画として成立するということです。優れた食材ならば、最低限手を加えるだけで十分おいしい、というのと同じです。

しかし残念ながら、それだけで番組企画として成立するような「テーマ」や「情報」

というものは、ほとんど残っていません。多くの人々が興味をもつ「テーマ」や「情報」は限られています。だからどうしても似たような「テーマ」や「情報」を使いまわさないわけにはいきません。

テレビの黎明《れいめい》期ならいざ知らず、現在は「テーマ」や「情報」だけでは、番組企画はなかなか成立しません。つまり先ほどの数式でいえばαの値がとても低い状態です。そんな中で合格ラインを超えるためには、β、つまり「いかにして情報を伝えるか」に重きをおかなければいけないわけです。

どうしたら視聴者に興味をもたせることができるか。

どうしたら視聴者を惹きつけることができるか。

どうしたら既出の情報でも視聴者を満足させることができるか。

どうしたら使いまわしの情報に新たな価値を付加することができるか。

そんな仕掛けや演出が、バラエティ番組の企画の軸となっているのです。

僕がバラエティ番組から参考にしてほしいと思うのは、この軸の部分。人を惹きつける、なにかを魅力的に伝えるという仕掛けの根本にあるものは、テレビであろうが他のビジネスシーンだろうが変わらないと思います。

バラエティ番組を「よく見る」ことで、そこにある仕掛けを抽出する。そうして抽出したエッセンスは、幅広くいろいろなビジネスシーンで応用することが可能です。

この章では、いくつかの番組を例に挙げながら、僕なりに分析し抽出した仕掛けのエッセンスを紹介していきましょう。

『アメトーーク』に見るグルーピングの効用

テレビではいろいろな情報をあつかっています。中でも、もっともテレビ的だと思うのが、タレントのトークです。それも情報なのかと思われるかもしれませんが、近ごろのトーク番組の軸となるのは、エピソードトーク。「その人ならではの体験」という、立派な情報です。

景気が悪くなると、トーク番組が増えます。タレントをスタジオに呼べば番組として成立するため、制作費を抑えることができるからです。

しかし、トーク番組が増えると、困った事態も起きます。

まずゲストが枯渇します。30分ないし1時間、その人のトークだけを聞いていたいと思うタレントの数は限られています。さらに、トークの内容自体も枯渇してきます。個人の体験には限りがあるからです。

そこである時期に誕生したのが、『踊る!さんま御殿!!』や『ダウンタウンDX』のような「集団トーク」という形式です。一人でダメなら10人いればどうだという、いわば物量作戦。今ではよく見かけるスタイルですが、こういったトーク番組の形式が一般的になったのは、実はここ10年ほどのことなのです。

ところが、最初は目新しかった「集団トーク」も、類似番組が増えてくるにつれ、次第にインパクトが弱まってきました。タレントの人数を集めるだけでは、視聴者を惹きつけることができなくなってしまったのです。

そこで新たに生まれたのが「グルーピング」という手法でした。複数のタレントをある共通点でくくり、一つの集団に仕立てるのです。

このグルーピングを使った番組で、現在、テレビ業界内でもっとも評価が高いのが『アメトーーク』(テレビ朝日)という番組です。

毎回、8人前後の人気芸人を集めるこの番組。形式的には、オーソドックスな集団トーク番組です。旬の芸人というのは、いろいろな番組からひっぱりだこなので、実は特にエピソードが枯渇しがち。しかし『アメトーーク』はそこにグルーピングの手法を使うことで、ヒット番組となりました。

「腰痛い芸人」「Noパソコン芸人」「左利き芸人」「あぁ農業高校芸人」、翌日、「餃子の王将」に長蛇の列ができたという「餃子の王将芸人」、最近よく耳にする「家電芸人」という言葉が生まれたのも、この番組から。よくぞそんな「くくり」を考えた。そう感心させられるのが、『アメトーーク』の最大の魅力です。

さて、ここまではあくまでテレビ番組の話。では、他のビジネスシーンにも応用できるように、『アメトーーク』という番組を勝手に分析し、なぜ「グルーピング」は効果的なのかを抽出してみましょう。

まず思いつくのは、同じジャンルのものが数多く集められている、そのインパクト。テレビ以外の場所で同様の例を探すならば、デパートの人気イベント「全国駅弁祭り」などと同じインパクトです。

しかし、『アメトーク』という番組をよく見ると、「グルーピング」には他にも効果があることがわかります。

その一つが「対比」です。

ある話の後に、今度は逆ベクトルの話を並べたとしましょう。すると、前の話との差から、単独でその話を聞くよりも、インパクトがあるように感じます。こうやってうまく「対比」が続くようにネタを並べることで、観ている人を飽きさせない。そしてなにより、そのネタが本来もっているポテンシャルよりも大きなインパクトを与えることができるのです。

ただし、ベクトルの違いがインパクトを生むからといって、まったく違う話ではダメ。腰痛の話の後に、家電の話をされても、比べようがありません。あくまで同じジャンルだからこそ、「対比」の力が活きてくるのです。

さらに、「グルーピング」には、「共鳴」という効果もあります。

同じくくりで集められているからこそ、他の人の話に同調しやすい。あるいは逆に反論しやすい。つまり隣どうしの会話が弾みやすい。まさに話と話が共鳴し合って場が盛り上がっていく。「集団トーク」として理想の環境が生まれやすいのです。

「グルーピング」という手法を使うためには、ただ数を集めるだけでは不十分。そこに「対比」や「共鳴」の効果を意識することが大切です。

テレビ以外の場所で、僕がうまく「グルーピング」を使っていると思うのは、横浜にある「新横浜ラーメン博物館」です。食のテーマパークのはしりである「新横浜ラーメン博物館」には、後にできた同様の施設よりも優れている点があります。

すべての店にミニサイズのラーメンがあるのです。

なので、一度に何種類ものラーメンを食べ比べることができます。ここに「対比」があります。

さらにいえば、「新横浜ラーメン博物館」に一人で行く人はまずいないでしょう。何人かで行くはずです。何人かで食べ比べるとどうなるでしょうか。「自分はあそこのラーメンが一番おいしかった」「私もそう思う」「いやいや、むしろこっちのラーメンの方がおいしい」という会話、つまり「共鳴」が起きるはずです。みんながバラバラのラーメンを食べてそれぞれが感想を言って終わりというよりも、こっちの方が楽しいと思いませんか。

同じジャンルの商品を集めるイベントの類は、すでにいろいろありますが、そこに「対比」や「共鳴」ということを意識すると、また新しい企画や演出を考えることができるのではないでしょうか。

「深イイ」という新しいフレーム

単独ではインパクトが弱いので、数を集めて勝負する。それが「集団トーク」であり、それを発展させたのが、「グルーピング」という手法でした。そしてこの「グルーピング」のさらなる発展形も、テレビ番組で使われています。

それが『人生が変わる1分間の深イイ話』(日本テレビ)です。

タイトルからもわかるように、人生の教訓になるイイ話を紹介するこの番組。観てもらうと、まずイイ話を伝えるための二つの仕掛けがあることに気づくはずです。

一つはどんな話も1分間で紹介するという「時間しばり」。そしてもう一つは、出演者による話の「評価」。

この二つの仕掛けは、とても有効に機能していますが、残念ながらこの番組のオリジナルというわけではありません。「○分間」というフレーズは書籍でよく使われています。テレビの場合、本当に1分間で伝えるという点が、本とは違いますが、これがこの番組最大の武器とは言いがたい。

もう一つの「評価」も『トリビアの泉』の「へぇ」のようなプラス評価ではなく、「深イイ」と「う〜ん」というマイナス評価がある点が目新しいですが、これも一番の武器ではないでしょう。

では、『……深イイ話』の最大のアイデア、学ぶべき点はどこか。

それは「深イイ」という新しいフレームを作ったところです。

「深イイ」なんていう日本語はありません。「深くてイイ話」を略して作ったのだろうということはわかりますが、「深イイ」と略した途端、それは新しい日本語＝新しいフレームとなります。

たとえば、番組ポスターに書かれている話を見てみましょう。

「ある水族館ではイワシを長生きさせるために同じ水槽にサメを入れる」

「50年前の南極観測隊。ある新婚の隊員に妻から短い手紙が届いた。なんと！　たった3文字。その文面は……『あ・な・た』」

「エジソンは実験での『5000回の失敗』を『5000回の成功』と言った」

水族館の話は雑学、南極観測隊の話はいわゆるちょっとイイ話、エジソンの話は偉人のこぼれ話もしくは名言ということになるでしょうか。どれもタイプの違う話。ですから、今まではこの三つの話を同じ番組で紹介することはちょっと難しかった。「深イイ」という新しいフレームを作ったからこそ、本来は同居することが難しかった質の違う情報を、同じ場所に並べることができたのです。それにより、新たな組み合わせの妙を作ることができるようになったのです。

先日、「深イイ話」と似た考え方で作られたCDをもらいました。『ムチと罰　ドSソング・コンピレーション』というアルバムです。このCDのアイデアにはちょっとやられました。

コンピレーション・アルバム、あるいはオムニバスといわれるCDは数多く出されています。たとえば『青春歌年鑑1980BEST30』や『失恋ソングス～卒業編』など、あるテーマを立てて、それに合った曲が集められています。

従来、この手のアルバムは「年齢・年代」だったり、「夏」「失恋」「CMヒット曲」など、既存のフレームで作られていました。それと比べて『ムチと罰』が新鮮だったのは、「ドSソング」という新しいフレームを作った点です。

「ドS」というフレームのさじかげんもいい感じです。「深イイ」と同じように、なんとなくニュアンスがわかる言葉です。この「なんとなくわかる」ぐらいが、新しいフレームには向いているようです。いくら新しいからといって、誰にも共感されないものでは、フレームにはなりません。

新しいフレームは、今までとは異なる観点でもあります。今までに「ドS」、つまり歌詞の内容が異性に対してちょっと攻撃的という観点でヒット曲を見た人はいないでしょう。しかし、いざ見てみると、当てはまる曲はいろいろあります。

たとえば、中森明菜のヒット曲『十戒』。

「愚図ね　カッコつけてるだけで　何もひとりきりじゃできない」

そんな出だしではじまるこの曲を、ヒットしていたころは、そんなふうに思いませんでしたが、たしかに「ドS」な歌。

あるいはシブがき隊の『NAI-NAI 16』

「ジタバタ するなよ! 世紀末が 来るぜ! 欲しけりゃ 今すぐ すがりつけ!」

これだって言われてみれば、かなり「ドS」な歌です。

新しいフレームを作ると、そんな発見感もあります。発見感は、新しい魅力や価値を引き出します。

こうして選ばれた曲を並べたところ、今までになかった新しい曲の組み合わせができました。

なにを組み合わせるかを先に考えるのではなく、まず新しいフレームを考えてから、その後で中に入れる具を考える。組み合わせの妙で勝負しようとするならば、このやり方はとても役立つと思います。

『鉄腕DASH!!』のカタログ情報を宝探しの快感に変える技

行列のできるラーメン店50連発。

夏限定！ 人気スイーツ30連発。

この手の企画は、テレビでもよくやります。みんなが知りたいと思う情報を、カタログ化して見せる。これも情報の伝え方の一つです。

しかし、この手の「〇〇連発」ものには、エンターテインメント性に欠けるという難点があります。

みんなが知りたい情報をたくさん見せたい。だけど、単なるカタログでは終わらせたくない。

そんな悩みを解決した一例が、『ザ！鉄腕！DASH!!』（日本テレビ）の中で、時どきオンエアされる通称「ゲットもの」と呼ばれている企画です。

「1日でいくつ〇〇できるか」にチャレンジするこの企画。今までに「1日に駅弁いくつ探せるか」「1日に露天風呂いくつ回れるか」「1日に漁師めしいくつ食べられるか」など、ターゲットを変えて、何度も繰り返されてきた人気企画です。

駅弁や露天風呂など、みんなが知りたい情報が次々と出てくる、というと、やはりカタログなのではないかと思われるかもしれませんが、実際に番組を見てもらうと、そこには単なるカタログではない他の魅力が用意されていることに気づくはずです。

それは「宝探しの快感」です。

たとえば、同じように10軒の行列のできる人気ラーメン店を取り上げるとしましょう。通常の連発ものならば、10軒は単に次々と出てきます。しかし、「ゲットもの」の場合、店と店の間に「探す」というプロセスが加わります。情報を効率よく詰め込むならば、この「探す」というプロセスは余計です。ですが、「探す」からこそ、見つけたときに喜びが生まれます。

「探す」、そして「見つける」。これが宝探しの基本的な構造です。

昔から宝探しは、小説や映画の中でたびたび登場します。それだけ「宝探し」という仕掛けが魅力的だということでしょう。夏休みに鉄道会社が企画するスタンプラリーなども、実は宝探しのバリエーションといえます。

では、『……DASH!!』の「ゲットもの」から、宝探しをさらに魅力的なものにする手立てを探ってみましょう。

「1日に動物標識いくつ探せるか」

そんなテーマでやったことがありました。動物標識とは、道路に設置された警戒標識の一つで、シカやタヌキなど、その付近の道路に飛び出す恐れのある動物のシルエットが描かれています。車を運転しながら、そんな動物標識を探すのですが、そこには駅弁や露天風呂を探したときにはなかった新たな魅力がありました。

それは、動物標識は地図に載っていない、という点です。

だから、推理して探すしかありません。地図を見て、手がかりを探し、ここに行けばあるだろうと推理するのです。手がかりと推理。この要素が加わることで、宝探しは、よりドキドキするものになります。

この要素を鉄道のスタンプラリーに当てはめるとどうなるでしょう。普通は、スタンプの設置場所まで案内が出ていますが、それがなく、目につく場所にあるのは手がかりだけ。そこから推理して、スタンプにたどり着く、ということになるでしょうか。

さらに難易度を上げるとすれば、どこの駅にスタンプがあるかを教えないという手もあるでしょう。渡されるのは路線図と手がかりだけ。そこから推理して、スタンプを探すのです。時には推理がまちがっていて、降りた駅にスタンプがないこともあるでしょう。でも、そのがっかりは、逆に宝を探し出したいという意欲を駆り立てます。

宝であるスタンプそのものが常に移動している、というのもおもしろそうです。宝探しに追跡ものの要素をプラス。ひと目見たらわかるスタンプマンが路線内を移動し、それを見つけてスタンプをもらうのです。

あるいは、宝探しを発展させたこんな企画はどうでしょう。

「カーナビだけが知っている讃岐うどんツアー」

レンタカーのカーナビに、あらかじめいくつかのうどん屋を巡るルートが入力されており、そのナビゲートに従ってうどん屋を巡るのです。ただし、カーナビが教えてくれるのはルートだけ。その先にどんなうどん屋が待っているのか、それは着くまでわからない。このドキドキ感は、宝探しの快感と同じもの。そしてそのドキドキ感が、単にうどん屋を巡るより、道中のドライブを楽しいものにしてくれます。

この「讃岐うどん」の部分を場所に応じて変えたら、レンタカーの新たなサービスが作れそうです。

宝探し。それは古典的な演出です。でも、あらためて「よく見る」と、まだまだいろいろなバリエーションを考えられる演出でもあるのです。

ホラーの定番プロットで情報を効果的に伝える

宝探しもそうですが、バラエティ番組では定番のプロット（物語の骨組み）を使うことがよくあります。

情報を伝えるため、どんなふうに定番プロットを使うのか。『最終警告！たけしの本当は怖い家庭の医学』（朝日放送）を例にして、その使い方を見てみましょう。

この番組のテーマは、タイトルからもわかるように「病気情報」です。それまでにも健康情報番組はいろいろとありましたが、ここまで真正面から医学や病気を扱った番組は、ＮＨＫ以外にはありませんでした。

誰だって病気にはなりたくない。たとえ病気になってしまったとしても、重く患いたくない。ある年齢を過ぎれば、病気は誰でも関心のあるテーマです。だからといって、単純に情報を流すだけでは、お勉強色が強すぎて、なかなか見てもらえません。

そこで最初にこんなコンセプトが考えられたそうです。

健康違反者講習。

交通違反を重ねると、違反者に再教育が施されます。その中で、交通違反を犯したことで、家庭が崩壊し、悲惨な人生を送ることになるというドラマを見せられます。実際に見た人から話を聞いたところによると、なにもそこまでと思うほど悲惨なドラマだそうです。こんなふうになりたくないなら、もう違反はしないようにしましょう。恐怖によって教育しているのです。

『……家庭の医学』のコンセプトはここから来ています。日ごろ、自分の健康に無頓着な人々を「健康違反者」と見なし、恐怖で病気というテーマを伝えようとしたのです。健康違反を繰り返していると、こんな悲惨な人生が待っている、という具合に。

そして、ここに定番プロットが登場します。

ホラー映画の定番プロットです。

ホラー映画でなにが怖いかといえば、殺人鬼や悪霊が現れるその瞬間ではありません。怖いのはその予兆です。

来るか、来るか……来ない。

来るか、来るか……来ない。

そんな予兆の積み重ねが、観客の不安を増幅し、それが最高潮に達したときに、ついに殺人鬼や怪物が現れてクライマックスを迎える。これがホラー映画の定番プロットです。

『……家庭の医学』でも、これと同じ構成がとられています。

どんな病気にも、なんらかの初期症状があります。それは忍び寄る恐怖の影。しかし、主人公はそれに気づかない。あるいは、気づいてもさして深く考えない。そして、そんな予兆が臨界点に達したある日突然、病魔は牙をむき、主人公の命を奪い、あるいは取り返しのつかない傷跡を残していくのです。

病気がひどくなってから医者にかかるのでは遅い。初期症状を見逃さず、早く検査・治療を受けることが病から身を守る最善策であるという番組のメッセージが、ホラー映画の定番プロットを使うことで、よりよく伝えられています。

『……家庭の医学』で使われているのはホラーですが、他にもコメディ、サスペンス、ミステリー、物語にはジャンルごとに定番と呼ばれるプロットがあります。これらのプロットは、すでに繰り返し使われているため、ドラマとしては魅力に乏しいかもしれません。ですが、見方を変えれば、それだけ人々に刷り込まれているということです。ドラマ自体をおもしろがらせるのではなく、あくまで情報を伝えるための手段として使う。そう考えると、『……家庭の医学』の成功例からもわかるように、定番のプロットにはまだ使い道はあります。

そのためには、まず定番のプロットを自分なりに抽出し、頭の中にストックしておくことからはじめてみてはいかがでしょうか。

数値化できないものをあえてランキングにする

定番というのは、それだけみんなに馴染んでいるということです。使い方をまちがえると安易に見えてしまいますが、使い方次第では、有効な手立てとなります。

定番があるのは、物語のプロットだけではありません。

たとえば、「ランキング」というのも、情報を整理し、伝えるための定番の装置です。「上位に行くほどいい情報である」というのがランキングの基本ルール。そのため、ランキングを下位から見ていくと、こんな欲求が生まれてきます。

「1位が見たい」

自分は3位までわかれば十分だ、という人はいないでしょう。一度ランキングを見はじめたら、1位が発表されるまで待つ。それはいかに長い時間、視聴者を留めておくかが勝負のテレビ番組にはぴったりで、今までに数々のランキング番組が作られてきました。

そしてここに来て、そんなランキングのルールや、ランキングに対する人々の生理をうまく利用した番組が現れました。

それが『ザ・ベストハウス１２３』(フジテレビ)です。

世界中のあらゆるもののベスト3を発表するというこの番組。こう書くと、今までのランキング番組と同じように見えますが、実際見てもらうと、従来のランキング番組との違いに気づくはずです。

ためしに、番組に登場したベスト3のタイトルをいくつか挙げてみましょう。

「痛い！　高い！　熱い！　世界の危険な祭りベスト3」

「スリム！　スベスベ！　若返り！　最新！　美容整形術ベスト3」

「凶悪犯を追いつめろ！　ものスゴい犯罪捜査マシンベスト3」

「ものスゴい美味しいハムベスト3」

このタイトルを見て、なにか気づきませんか。

そう、どれも数値化できないものばかりです。普通、ランキングの順位というのは、売上げであったり測定値だったり、なんらかの数値で決められます。ですが、祭りの危険さもハムのおいしさも数値化することはできません。『ザ・ベストハウス１２３』の順位付けの根拠は、実はとてもあいまいなのです。

たしかに出てくる情報はどれも興味深いものです。そして内容のインパクトも3位2位1位と、一応グラデーションがつけられているようですが、それも2位と1位を入れ替えても、違和感がないほどのグラデーションにすぎません。

しかし、それこそがこの番組の最大の発明だと思います。ランキングという形式をとりながら、ランキング本来のルールから離れ、その枠組みだけを使う。それでもみんな、条件反射で1位を期待し、1位まで待ってしまう。ランキングというものを刷り込まれてしまった人々の生理をうまく利用した、見事な仕掛けです。

ランキングのような定番の手法も、その有効成分を抽出することで、『ザ・ベストハウス123』のような新たな使い方を見出すことが可能なのです。

クイズで情報にフックをかける

では、もう一つ、情報を伝えるための定番の装置を見てみましょう。

クイズです。

クイズもまた、情報を伝えるための装置です。

クイズの魅力はなんだと思いますか？

答えを考えたくなる……参加性。

たしかにそうです。でも、今のテレビ番組では、この参加性は二の次。クイズの一番の役目は、その後に出てくる情報を知りたいという気持ちを高める、「情報のためのフック」です。

たとえば『今すぐ使える豆知識　クイズ雑学王』（テレビ朝日）などを見ると、最近のクイズ番組が昔と比べて大きく変わっていることに気づくはずです。

昔と比べると、近ごろのクイズ番組は出題から答えまでの時間、いわゆるシンキングタイムがかなり短い。視聴者に考えてもらおうとしているとはとても思えないほどの短さです。でも、それが今の人々の生理にあったスタイルなのです。

クイズを出されると、誰もが一瞬、答えを考えます。たとえば、

「タイプライターのキーボードの配列がバラバラなのはどうしてでしょう？」

そんなクイズを出されたら、ちょっと考えませんか。たしかにパソコンのキーボードを見ても、アルファベットの位置はバラバラ。どうしてあんな配列になったのか……。

こうして考え出すというのは、その問題の答えに興味をもったということ。つまり情報のフックに引っかかったということです。

でも、今と昔が違うのはこの先です。昔は、この後、一生懸命考えてくれましたが、今は違います。考えるのは一瞬だけ。すぐに答えを教えてほしいという欲求がわいてきます。自分で正解を当てる爽快感より、早く答えを知りたいという気持ちの方が強いということなのでしょう。

だから、大切なのは、相手にフックがかかっている間に、情報を投げてあげること。そうすれば情報は効果的に届きます。逆にそのタイミングを見誤ると、情報に対する興味は急速に失われてしまいます。

現在のクイズ番組の多くは、視聴者のそんな気持ちの動きに応える速度で作られています。

だから、よく電車の中吊りや雑誌の広告ページでクイズを出し、「答えはｗｅｂで」という手法がとられているのを見るたびに、どれだけの人がそこまでして答えを知りたいと思うだろうか、と考えてしまいます。

今の速度からすると、同じ雑誌の別ページに答えが載っている、それぐらいでないとあまり効果がないかもしれません。

そう考えると、もう随分前になりますが、小泉今日子さんがクイズを出す、ＪＲ東日本のＣＭは時代を先取りしていました。

「ダイヤ改正のダイヤってなんのことでしょう？　答えは15秒後」

そして、ＣＭを一つはさんで、15秒後に本当に正解篇が流れるのです。あのアイデアは、今振り返ってもすばらしいと思います。

クイズという古典的な装置も、それが解かせて楽しませるものから、情報に興味をもたせるためのフックであると考え方を変えると、やはり新たな使い方が出てきます。

定番の手法がなぜ効果的だったのかのエッセンスを抽出する。あるいは定番の手法に他の使い道がないか考えてみる。それが定番の手法を再利用するための第一歩です。

では、最後に先ほどのクイズの答えを。

どうしてタイプライターのキーボードの配列はバラバラなのか。

正解は「速く打てないようにして故障を防ぐため」

初期のタイプライターは、活字アームという部分が完全に戻ってから次のキーを打たないと、互いに絡んで故障するおそれがありました。それを防ぐために、わざと速く打てない配列にして、故障するのを防いだのがはじまりと言われているそうです。

さて、この情報、あなたの心にちゃんと刺さりましたでしょうか。

子どもを通じて感動を伝える

現在、バラエティ番組の多くは「すでにあるもの」を素材に作られています。絶景にしろ、珍しい動物にしろ、あるいは芸能人のエピソードにしろ、すでにあるものには限りがあります。

そんな素材たちは、番組であつかわれるたびに、当初の輝きを失っていきます。そのもの自体の美しさや希少性は変わっていないというのに。

この手の素材は限りある資源です。一度輝きを失ったからといって、捨ててしまうわけにはいきません。磨きなおし、再び輝きを取り戻させる必要があります。その方法として有効だと思うのが、僕が「他者というフィルター」と呼んでいる手法です。

これをうまく使っていると感心したのは、初期の『世界の果てまでイッテQ！』(日本テレビ)です。

現在は珍獣ハンターというヒット企画の印象が強いこの番組ですが、世界中を飛び回り素朴な疑問を解決する、というのが番組本来のコンセプトです。

「灼熱の砂漠の砂で焼き芋は焼けるの？」

「北極点で方位磁石はどこ向くの？」

「ダイヤの原石ってどんな石？」

取り上げる疑問自体、どれも興味深いものでしたが、それ以上に、この番組を初めて見たときに発明だと感じたのは、疑問の発信者である子どもを実際に現場に連れて行く、という演出でした。

たとえば、大地を薄紅色に覆うフラミンゴの大群。たしかに絶景です。でも、これまでに何度もテレビであつかわれてきたのも事実です。だから、初めて見る人にも既視感があり、これだけでは視聴者を惹きつけることは難しい。

こういう場合、これまでは芸能人によるリポーターのリアクションで、現場のすばらしさを伝えてきました。しかし、今やそれでは望むような効果が得られません。リポーターの驚く姿に作り手の思惑が透けて見えてしまうからです。

ところが、同じリアクションをする姿でも子どもだと印象が変わります。その感動は純粋です。そして視聴者は、その純粋に感動する姿を見ることで、たいして価値がないと思い込んでいたものが、実はとても価値があるものであったことを思い出すのです。

ただ現在は、番組が別方向で成熟してきたため、最近の『……イッテQ！』では、この子どもを使った手法を使っていないようです。そこでもう一つ、「他者というフィルター」がうまく活きている別の番組を紹介しましょう。

『ワンステップ！』（TBS）です。

ある技術や意志を持った若者たちが、彼らの力を必要とする場所へと赴き、できる範囲で、あくまで無償で働くというこの番組。僕が初めて見た放送では、もう何十年も大工不在の島に、大工のタマゴたちが赴き、家屋の修繕などを行っていました。

番組の公式ホームページを見ると、企画段階で制作者が伝えたかったのは、社会貢献をする若者たちの姿だったようです。でも、番組を見てまず伝わってきたのは、若者たちが赴いた先の「現実」。日本の田舎の「現実」でした。

通常のドキュメンタリー番組で同じ過疎の村を取り上げても、こんなふうに胸に迫ってこなかったと思います。では、なぜ『ワンステップ！』だと胸に迫ってきたのか。それはそこに、初めて田舎の「現実」を目の当たりにし、驚き、唖然とする若者たちの表情があったからです。あの驚きの表情には、どんな雄弁なナレーションよりも伝える力がありました。若者という「他者というフィルター」が間に入ることで、より「現実」が伝わってきたのです。

他者、つまり企画者の力のおよばない存在の心の動きを利用する。

この手法は、宣伝の分野で多く見られます。

たとえば、書店員による手書きポップなどもその一つでしょう。書評から思わぬベストセラーが生まれたという話はあまり聞きませんが、ここ数年、書店のポップから次々と意外なベストセラーが誕生しているのは、出版社という作り手とは関係ない書店員というフィルターのおかげです。

あるいは映画のCMでよく見る、試写会を観た直後に聞いた観客の感想コメント、というのも「他者というフィルター」の一例です。しかし、出てきた当初は映画の感動がよく伝わってきたこの手法も、ここまで連発されると、次第に観客の言葉の向こうに作り手の姿が見えてくるような気がしてしまいます。

「そんなに涙が止まらなかったって言うなら、口で言うのではなく、涙を流しているところを見せろ」

この手のCMを見るたびに、そんなふうに毒づいていたら、近ごろは、試写会を観ている最中の観客の姿を暗がりでも撮影できる特殊なカメラで撮影したCMを見かけるようになりました。実際に映画を観ながら、涙をぬぐっている姿は、どんな感想の言葉よりも映画の魅力が伝わってきました。

こうして見ると「他者というフィルター」もまだまだ進歩する余地があるようです。

「ダーツの旅」という期待値の低さ

「ハードルを上げすぎて失敗した」

「ハードルを上げすぎて期待はずれだった」

こんな物言いを、最近よく聞きませんか。

ここでいうハードルとは期待値のことです。

しばしば人は過度に期待を膨らませてしまいます。この膨らみすぎた期待は、作り手から見ると、とても危険です。勝手に過剰に期待されたあげく、がっかりされてしまう可能性が高いからです。

その身近な例が、おもしろい話をする前に「昨日、おもしろいことがあったんだけどね」と前置きしてしまう、よくあるあの失敗でしょう。「おもしろいことがあったんだけど」と前置きすると、聞く側は勝手に期待を膨らませます。おもしろいと前置きしない。それがおもしろい話をするときの鉄則です。

だから、テレビ番組の会議では、しばしばこんな言葉が飛び交います。

「ハードルを下げる」

こう言うとクオリティの低いものを提供するような印象を抱くかもしれませんが、そうではありません。提供する内容に見合った期待値に抑える、という意味です。

ハードルを下げる、その目的を見事に果たしている例としてしばしば出されるのが『1億人の大質問!? 笑ってコラえて!』(日本テレビ) のヒット企画「日本列島ダーツの旅」です。

この企画のテーマは、日本再発見。日本全国津々浦々を探してみれば、まだまだおもしろいことはある、というのがテーマです。

たしかに、たまに地方に行くと思いがけない発見があり、日本再発見というテーマはアリです。しかし、実際に形にするのは意外と難しい。わざわざ紹介する以上、そこにはよほどおもしろいものがあるに違いないと、視聴者の期待が高まってしまうからです。

しかし、「ダーツの旅」では、二つの要素で、その期待値を抑えています。

それが「偶然性」と「限定性」です。

「ダーツの旅」では、どの町を訪ねるかは、日本地図にダーツを投げて決めます。つまり目的地を選ぶ際に、作り手の意志は介在していません。なぜそこを選ぶかに作り手の意志が見えると、どうしても「なにかそこにいいネタがあるから選んだのだろう」という期待が生まれてしまいます。でも、「ダーツの旅」の場合、そこに作り手のねらいはありません。それが膨らむ期待を抑えるのです。

そうして偶然選ばれた範囲内で、ネタを探します。これが「限定性」です。作り手にとっては、大きな足かせですが、これもまたハードルを下げる役目を果たしています。

「ダーツの旅」に登場するのは、たいていは初めて聞くような小さな町や村。そんな場所の、しかも限られたエリア内などに、たいしておもしろいものなどないだろうと、期待が膨らむのを抑えてくれるのです。

「偶然性」と「限定性」、この二つの要素を取り入れている例は、テレビ以外の場所にもいろいろあります。

たとえば、「100円ショップ」。これなど「限定性」によってハードルを下げている例だと思います。100円という価格の縛りを聞くと、消費者には「安かろう悪かろう」という意識が働いていました。それにもかかわらず、「こんなに豊富に商品がそろっている」「こんなに質のよいものがあった」となれば、期待値が低い分、満足度は高くなるはずです。

一方「偶然性」はハードルを下げるためというより、ドキドキ感の演出のために使われることが多いようです。

くじ引きの類は、まさに「偶然性」を利用したもの。くじ引きでも単に景品目的だけではなく、くじ引きで出てくる肉のランクが変わる食べ放題の焼肉店、なんていうのもゲーム感覚でおもしろそうです。

あるいは偶然性を利用したこんな観光ツアーはどうでしょう。「地引網の幸ツアー」。みんなで地引網を引いて、あがってきた魚の中から、好きな魚を選んで夕食に出してもらうのです。網があがるまで、なにが食べられるかわからない。これはかなりドキドキするはずです。万が一、雑魚《ざこ》しか捕れなかったときのために、ある程度の保険は用意しておく必要がありますが、たいした魚しか捕れなくても、それはそれでいい旅の思い出になるのではないでしょうか。

ところで最近、子どものころからよく知っているある商品に、実は巧みな偶然性があることに気づいて驚きました。

映画『火垂るの墓』で、再び脚光を浴びた「サクマ式ドロップス」です。

これのどこが「偶然性」なのでしょうか。

缶入りの「サクマ式ドロップス」には、イチゴ、レモン、オレンジ、パイン、メロン、ハッカ、ブドウ、チョコの8種類の味のドロップが入っています。この時点で、すでに「対比」の楽しみがあります。

では、「サクマ式ドロップス」のどこに「偶然性」があるのか。それは、缶を振ってドロップが出てくるまで、何味を食べることになるのかわからないという点です。イチゴ味が食べたいと思っていたのにメロン味が出てしまった。2回続けてオレンジ味が出てしまった。ドロップが缶から出てくる瞬間は、子どもながらにドキドキしたものです。

そしてもう一つ、「サクマ式ドロップス」が優秀だったと思うのは、ハズレがあったことです。僕たちが子どものときは、ハッカ味が不人気でした。だからハッカ味が出てくるとかなりガッカリしたものです。この一つだけハズレがあるということが、「偶然性」をより魅力的なものにしていました。

もちろん、「サクマ式ドロップス」を作ったメーカーは、そんなドキドキ感などねらってこの商品を作ったわけではないでしょうし、まさかハッカ味がハズレあつかいされていたとは思っていなかったでしょう。でも、偶然とはいえ、あらためて振り返ってみると、「サクマ式ドロップス」には偶然性をうまく使うためのヒントが詰まっています。

だから僕も、そんな「サクマ式ドロップス」の魅力を、テレビの企画にも応用できないかと、最近、そんなふうに考えています。

おわりに

たいていの技術は教えることができるし、教わることができるものだと思います。

細部まですべては無理だとしても、ある程度は伝えることができます。

料理の世界ではよく「味は教わるものではなく盗むものだ」と言いますが、あれだって教えないだけであって、もし教えようと思ったら、実際はかなりの部分まで教えることができるはずです。

僕も放送作家としての技術的なこと、たとえば台本やナレーションの書き方などは、ディレクターや先輩の作家から、実際の仕事を通して教わってきました。

技術は教えられます。

しかし、ネタ、つまりアイデアの素材の探し方やアイデアの発想の仕方は誰も教えてくれませんでした。なぜなら、それはやっている本人も「どうやって」というのを言葉で説明することがなかなかできないからでしょう。

だから、僕も今までネタの探し方やアイデアの作り方を教わったことはありません。

ですが、仕事としてやっていく以上、それができないといけません。

そこで、僕は自分のまわりの「できる人」たちを「よく見る」ようにしました。

どういうところからネタを見つけてくるのか。

どういうものをネタにするのか。

そこからどんなアイデアを作るのか。

「できる人」たちのやり方を盗もうとしました。

もちろん、そこから見えてくるのはあくまで表面的なことであって、その人の頭の中でどんな化学反応が起きているかは推測するしかありません。それでも十分役立ちました。そして後に、そう推測すること自体、盗もうとする姿勢自体が実は大切である、ということがわかってきました。

さあ、どんどんアイデアを盗んでください。アイデアの底に流れる発想や着眼点を盗んでください。世の中には優れたアイデアが、鍵もかけられぬまま、無防備に放置されているのですから。

思えば、この本が出来上がった経緯も僕にとってはかなり「おもしろい」ものでした。本書を担当してくれた竹村優子さんが「本を出しませんか」と声をかけてくれたとき、彼女は他の出版社にいました。もう4年ほど前のことです。しばらくして「企画が通りました」と言われ、本の詳細を打ち合わせようとした矢先に、その連絡はきました。

「私、会社を変わることになりました」

いきなりなにを言い出すんだ、この人は。

突然はしごをはずされたようで、そのときはかなり驚いたものです。

しかし、移った次の出版社、つまり幻冬舎ですが、ここでも引き続き本を書く機会を作ってくれました。再びはしごはかけられました。僕が怠惰なせいもあって、それから本書の完成までは2年近くかかってしまったのですが、その間、僕は常に恐れ続けていました。

「私、会社を変わることになりました」

竹村さんから、そう電話がかかってくることを。

幸いにも、再び出版社を変わることなく、ましてや「私、編集者を辞めてパリに行きます」などと言い出さず、ここまで辛抱強く待ってくれた竹村さん、そしてご協力いただいたすべての方にあらためて感謝します。

著者略歴

山名宏和

やまなひろかず

放送作家。古舘プロジェクト所属。一九六七年生まれ。

主にバラエティ番組を中心に活躍。

現在も『ザ!鉄腕!DASH!!』『行列のできる法律相談所』

『人生が変わる1分間の深イイ話』『ダウンタウンDX』『たけしのニッポンのミカタ』など、

数々のテレビ・ラジオ番組の構成を行なうほか、映画や舞台の脚本なども手がける。

また社会人向けの企画・発想法の講座「アングル」を定期的に開催し、その講師も務めている。

著書に『ニッポンの少数民族』『だから直接聞いてみた』(ともに宝島社、共著)、

『企画術の教科書』(インデックス・コミュニケーションズ、共著)、

『大人の宿題』(サンマーク出版)などがある。

幻冬舎新書 159

アイデアを盗む技術

二〇一〇年三月三十日　第一刷発行

著者　山名宏和

発行人　見城　徹

編集人　志儀保博

発行所　株式会社　幻冬舎

〒一五一-〇〇五一　東京都渋谷区千駄ヶ谷四-九-七

電話　〇三-五四一一-六二一一（編集）

〇三-五四一一-六二二二（営業）

振替　〇〇一二〇-八-七六七六四三

ブックデザイン　鈴木成一デザイン室

印刷・製本所　株式会社　光邦

GENTOSHA

JASRAC　出1003122-001

Printed in Japan　ISBN978-4-344-98160-7 C0295

や-7-1

幻冬舎ホームページアドレス http://www.gentosha.co.jp/

＊この本に関するご意見・ご感想をメールでお寄せいただく場合は、comment@gentosha.co.jp まで。